现代化新征程丛书

隆国强　总主编

RESHAPING
CROSS-BORDER E-COMMERCE
GLOBALIZATION PRACTICES IN THE DIGITAL AGE

重构跨境电商

数字时代的全球化实践

王　维　主编

中国发展出版社
CHINA DEVELOPMENT PRESS

图书在版编目（CIP）数据

重构跨境电商 ： 数字时代的全球化实践 ／ 王维主编.

北京：中国发展出版社，2024.8. — ISBN 978-7-5177-1425-5

Ⅰ．F279.243

中国国家版本馆 CIP 数据核字第 2024JE9420 号

书　　名：重构跨境电商：数字时代的全球化实践
主　　编：王　维
责 任 编 辑：钟紫君　吴　思
出 版 发 行：中国发展出版社
联 系 地 址：北京经济技术开发区荣华中路 22 号亦城财富中心 1 号楼 8 层（100176）
标 准 书 号：ISBN 978-7-5177-1425-5
经 销 者：各地新华书店
印 刷 者：北京博海升彩色印刷有限公司
开　　本：710mm×1000mm　1/16
印　　张：10.75
字　　数：125 千字
版　　次：2024 年 8 月第 1 版
印　　次：2024 年 8 月第 1 次印刷
定　　价：58.00 元

联 系 电 话：（010）68990630　68990625
购 书 热 线：（010）68990682　68990686
网 络 订 购：http://zgfzcbs.tmall.com
网 购 电 话：（010）88333349　68990639
本 社 网 址：http://www.develpress.com
电 子 邮 件：2857118@qq.com

联合编制单位

国研智库

中国社会科学院工业经济研究所

中共浙江省委政策研究室

工业和信息化部电子第五研究所（服务型制造研究院）

清华大学技术创新研究中心

清华大学人工智能国际治理研究院

上海交通大学健康长三角研究院

上海交通大学健康传播发展中心

浙江省发展规划研究院

苏州大学北京研究院

江苏省产业技术研究院

中国大唐集团有限公司

广东省交通集团有限公司

行云集团

上海昌进生物科技有限公司

广东利通科技投资有限公司

《重构跨境电商：数字时代的全球化实践》编委会

主编

王　维

编委（按照姓氏笔画排列）

王　维　刘雨枫　刘若愚　陈红婷　李雪华

杨　炫　何浩淼　张　娟　赵翌捷　唐开兴

黄子芸　黄戴萌

总　序

　　党的二十大报告提出，从现在起，中国共产党的中心任务就是团结带领全国各族人民全面建成社会主义现代化强国、实现第二个百年奋斗目标，以中国式现代化全面推进中华民族伟大复兴。当前，世界之变、时代之变、历史之变正以前所未有的方式展开，充满新机遇和新挑战，全球发展的不确定性不稳定性更加突出，全方位的国际竞争更加激烈。面对百年未有之大变局，我们坚持把发展作为党执政兴国的第一要务，把高质量发展作为全面建设社会主义现代化国家的首要任务，完整、准确、全面贯彻新发展理念，坚持社会主义市场经济改革方向，坚持高水平对外开放，加快构建以国内大循环为主体、国内国际双循环相互促进的新发展格局，不断以中国的新发展为世界提供新机遇。

　　习近平总书记指出，今天，我们比历史上任何时期都更接近、更有信心和能力实现中华民族伟大复兴的目标。中华民族已完成全面建成小康社会的千年夙愿，开创了中国式现代化新道路，为实现中华民族伟大复兴提供了坚实的物质基础。现代化新征程就是要实现国家富强、民族振兴、人民幸福的宏伟目标。在党的二十大号召下，全国人民坚定信心、同心同德、埋头苦干、奋勇前进，为全面建设社会主义现代化国家、全面推进中华民族伟大复兴而团结奋斗。

　　走好现代化新征程，要站在新的历史方位，推进实现中华民族伟大复兴。党的十八大以来，中国特色社会主义进入新时代，这是我国发展新的历史方位。从宏观层面来看，走好现代化新征程，需要站在新的历史方位，客观认识、准确把握当前党和人民事业所处的发展阶段，不断推动经济高质量发展。从中观层面来看，走好现代化新征程，需要站在新的历史方位，适应我国参与国际竞合比较优势的变化，通过深化供给侧结构性改革，对内解决好发展不平衡不充分问题，对外化解外部环境新矛盾新挑战，实现对全球要素资源的强大吸引力、在激烈国际竞争中的强大竞争力、在全球资源配置中的强大推动力，在科技高水平自立自强基础上塑造形成参与国际竞合新优势。从微观层面来看，走好现代化新征程，需要站在新的历史方位，坚持系统观念和辩证思维，坚持两点论和重点论相统一，以"把握主动权、下好先手棋"的思路，充分依托我国超大规模市场优势，培育和挖掘内需市场，推动产业结构优化和转型升级，提升产业链供应链韧性，增强国家的生存力、竞争力、发展力、持续力，确保中华民族伟大复兴进程不迟滞、不中断。

走好现代化新征程，要把各国现代化的经验和我国国情相结合。实现现代化是世界各国人民的共同追求。随着经济社会的发展，人们越来越清醒全面地认识到，现代化虽起源于西方，但各国的现代化道路不尽相同，世界上没有放之四海而皆准的现代化模式。因此，走好现代化新征程，要把各国现代化的共同特征和我国具体国情相结合。我们要坚持胸怀天下，拓展世界眼光，深刻洞察人类发展进步潮流，以海纳百川的宽阔胸襟借鉴吸收人类一切优秀文明成果。坚持从中国实际出发，不断推进和拓展中国式现代化。党的二十大报告系统阐述了中国式现代化的五大特征，即中国式现代化是人口规模巨大的现代化、是全体人民共同富裕的现代化、是物质文明和精神文明相协调的现代化、是人与自然和谐共生的现代化、是走和平发展道路的现代化。中国式现代化的五大特征，反映出我们的现代化新征程，是基于大国经济，按照中国特色社会主义制度的本质要求，实现长期全面、绿色可持续、和平共赢的现代化。此外，党的二十大报告提出了中国式现代化的本质要求，即坚持中国共产党领导，坚持中国特色社会主义，实现高质量发展，发展全过程人民民主，丰富人民精神世界，实现全体人民共同富裕，促进人与自然和谐共生，推动构建人类命运共同体，创造人类文明新形态。这既是我们走好现代化新征程的实践要求，也为我们指明了走好现代化新征程的领导力量、实践路径和目标责任，为我们准确把握中国式现代化核心要义，推动各方面工作沿着复兴目标迈进提供了根本遵循。

走好现代化新征程，要完整、准确、全面贯彻新发展理念，着力推动高质量发展，加快构建新发展格局。高质量发展是全面建设社会主义现代化国家的首要任务。推动高质量发展必须完整、准确、全面贯彻新发展理念，让创新成为第一动力、协调成为内生特点、绿色成为普遍形态、开放成为必由之路、共享成为根本目的，努力实现高质量发展。同时，还必须建立和完善促进高质量发展的一整套体制机制，才能保障发展方式的根本性转变。如果不能及时建立一整套衡量高质量发展的指标体系和政绩考核体系，就难以引导干部按照新发展理念来推进工作。如果不能在创新、知识产权保护、行业准入等方面建立战略性新兴产业需要的体制机制，新兴产业、未来产业等高质量发展的新动能也难以顺利形成。

走好现代化新征程，必须全面深化改革、扩大高水平对外开放。改革开放为我国经济社会发展注入了强劲动力，是决定当代中国命运的关键一招。改革开放以来，我国经济社会发展水平不断提升，人民群众的生活质量不断改善，经济发展深度融入全球化体系，创造了举世瞩目的伟大成就。随着党的二十大开启了中国式现代化新征程，需要不断深化重点领域改革，为现代化建设提供体制保障。2023年中央经济工作会议强调，必须坚持依靠改革开放增强发展内生动力，统筹推进深层次改革和高水平开放，不断解放和发展生产力、激发和增强社会活力。第一，要不断完善落实"两个毫不动摇"的体制机制，充分激发各类经营主体的内生动力和创新活力。公有制为主体、多种所有制经济共同发展是我国现代化建设的重要优势。推动高质量发展，需要深化改革，充分释放各类经营主体的创新活力。应对国际环境的复杂性、严峻性、不确定性，克服"卡脖子"问题，维护产业链供应链安全稳定，同样需要为各类经营主体的发展提供更加完善的市场环境和体制环境。第二，要加快全国统一大市场建设，提高资源配置效率。超大规模的国内市场，可以有效分摊企业研发、制造、服务的成本，形成规模经济，这是我国推动高质量发展的一个重要优势。第三，扩大高水平对外开放，形成开放与改革相互促进的新格局。对外开放本质上也是改革，以开放促改革、促发展，是我国发展不断取得新成就的重要法宝。对外开放是利用全球资源全球市场和在全球配置资源，是高质量发展的内在要求。

知之愈明，则行之愈笃。走在现代化新征程上，我们出版"现代化新征程丛书"，是为了让社会各界更好地把握当下发展机遇、面向未来，以奋斗姿态、实干业绩助力中国式现代化开创新篇章。具体来说，主要有三个方面的考虑。

一是学习贯彻落实好党的二十大精神，为推进中国式现代化凝聚共识。党的二十大报告阐述了开辟马克思主义中国化时代化新境界、中国式现代化的中国特色和本质要求等重大问题，擘画了全面建成社会主义现代化强国的宏伟蓝图和实践路径，就未来五年党和国家事业发展制定了大政方针、作出了全面部署，是中国共产党团结带领全国各族人民夺取新时代中国特色社会主义新胜利的政治宣言和行动纲领。此套丛书，以习近平新时代中国特色社会主义思想为指导，认真对标对表党的二十大报告，从报告原文中找指导、从会议精神中找动力，用行动践行学习宣传贯彻党的二十大精神。

二是交流高质量发展的成功实践，释放创新动能，引领新质生产力发展，为推进中国式现代化汇聚众智。来自 20 多家智库和机构的专家参与本套丛书的编写。丛书第二辑将以新质生产力为主线，立足中国式现代化的时代特征和发展要求，直面各个地区、各个部门面对的新情况、新问题，总结借鉴国际国内现代化建设的成功经验，为各类决策者提供咨询建议。丛书内容注重实用性、可操作性，努力打造成为地方政府和企业管理层看得懂、学得会、用得了的使用指南。

三是探索未来发展新领域新赛道，加快形成新质生产力，增强发展新动能。新时代新征程，面对百年未有之大变局，我们要深入理解和把握新质生产力的丰富内涵、基本特点、形成逻辑和深刻影响，把创新贯穿于现代化建设各方面全过程，不断开辟发展新领域新赛道，特别是以颠覆性技术和前沿技术催生的新产业、新模式、新动能，把握新一轮科技革命机遇、建设现代化产业体系，全面塑造发展新优势，为我国经济高质量发展提供持久动能。

"现代化新征程丛书"主要面向党政领导干部、企事业单位管理层、专业研究人员等读者群体，致力于为读者丰富知识素养、拓宽眼界格局，提升其决策能力、研究能力和实践能力。丛书编制过程中，重点坚持以下三个原则：一是坚持政治性，把坚持正确的政治方向摆在首位，坚持以党的二十大精神为行动指南，确保相关政策文件、编选编排、相关概念的准确性；二是坚持前沿性，丛书选题充分体现鲜明的时代特征，面向未来发展重点领域，内容充分展现现代化新征程的新机遇、新要求、新举措；三是坚持实用性，丛书编制注重理论与实践的结合，特别是用新的理论要求指导新的实践，内容突出针对性、示范性和可操作性。在上述理念与原则的指导下，"现代化新征程丛书"第一辑收获了良好的成效，入选中宣部"2023年主题出版重点出版物选题"，相关内容得到了政府、企业决策者和研究人员的极大关注，充分发挥了丛书服务决策咨询、破解现实难题、支撑高质量发展的智库作用。

"现代化新征程丛书"第二辑按照开放、创新、产业、模式"四位一体"架构进行设计，包含十多种图书。其中，"开放"主题有"'地瓜经济'提能升级""跨境电商"等；"创新"主题有"科技创新推动产业创新""前沿人工智能"等；"产业"主题有"建设现代化产业体系""储能经济""合成生物""绿动未来""建设海洋强国""产业融合""健康产业"等；"模式"主题有"未来制造"等。此外，丛书编委会根据前期调研，撰写了"高质量发展典型案例（二）"。

相知无远近，万里尚为邻。丛书第一辑的出版，已经为我们加强智库与智库、智库与传播界之间协作，促进智库研究机构与智库传播机构的高水平联动提供了很好的实践，也取得社会效益与经济效益的双丰收，为我们构建智库型出版产业体系和生态系统，实现"智库引领、出版引路、路径引导"迈出了坚实的一步。积力之所举，则无不胜也；众智之所为，则无不成也。我们希望再次与大家携手共进，通过丛书第二辑的出版，促进新质生产力发展、有效推动高质量发展，为全面建成社会主义现代化强国、实现第二个百年奋斗目标作出积极贡献！

隆国强

国务院发展研究中心副主任、党组成员

2024年3月

目　录

第一章
跨境电商发展现状与趋势

　　在全球化浪潮的推动下，跨境电商作为国际贸易的新引擎，正以前所未有的速度重塑着全球经济版图。跨境电商不仅打破了地域限制，促进了资源在全球范围内的优化配置，也极大地丰富了消费者的选择，加速了全球经济一体化的进程。

　　当前，我国跨境电商在良好的内部政策环境下取得了令人瞩目的成绩。交易规模持续扩大，消费者群体日益多元化，从最初的年轻群体逐步扩展到各个年龄段和社会阶层。跨境电商不仅壮大了外贸发展新动能，推动了产业发展进入新阶段，满足了消费者对海外优质商品的需求，还促进了文化交流与融合，加深了各国人民之间的相互理解和信任。然而，跨境电商也同样面临着日益严峻的外部环境，这对跨境电商在技术革新、市场变化、政策调整等方面也提出了更高的要求。在全球化与数字化的双重浪潮下，跨境电商的未来无疑充满了无限可能，也将迎来高质量发展的阶段。

第一节　中国跨境电商发展的背景和意义

一、中国跨境电商发展背景

新一代人工智能、区块链、大数据、5G、互联网等数字技术深入应用，为跨境电商快速发展提供技术支撑。当前，新一代人工智能、区块链等新技术在跨境电商供应链体系、物流仓储、支付营销等领域得以深入应用，不断助推跨境电商在海外拓展新的市场和空间。例如，我国快时尚类跨境电商企业希音（Shein）研发数字化供应链平台，直连上万家中小微制造业企业与海外市场，高效组织供应链，2023年商品交易总额超过450亿美元，是传统快时尚品牌Zara的近8倍。此外，在仓储、拣选、包装和配送环节，AI大模型驱动的机器人技术、自动驾驶系统以及无人机配送等广泛应用，大大提升了货物流通效率，有力提升了跨境电商企业品牌影响力。据Fairfiel的报告预测，2021—2025年期间，物流机器人市场将以23.7%的复合年均增长率增长，到2025年，物流机器人市场价值预计为127.4亿美元。物流机器人的应用能够帮助跨境电商实现物流自动化和智能化，对于提升跨境电商的物流效率起到关键作用。

国际贸易形势面临供应链危机、地缘政治争端和区域保护主义等诸多挑战，为中国跨境电商发展提供了新契机。联合国发布的《2024年世界经济形势与展望》报告预计，全球经济增速将从2023年的2.7%放缓至2024年的2.4%，低于疫情前3%的增长率；其他国际组织也预计，2024 年全球经济增速将低于历史平均水平。世界银行预计，全球贸易增速将仅为疫情前 10 年平均增速的一半。在外部环境不佳的情况下，各地区贸易保护主义抬头、地缘冲突加剧，全球产业链供应链稳定性安全性受到干扰，为了降低风险，企业越来越多地寻求多元化市场。在此背景下，跨境电商作为数字经济时代国际贸易的重要载体，通过数字技术优化国际交易和生产流程，高效配置各类跨境资源，在发展全局中的地位和作用日益凸显，成为推动全球产业分工体系和贸易格局变化的重要因素。跨境电商凭借高成长的确定性应对外部市场的不确定性，展现出较强的市场活力和增长韧性，成为中国拓展国际市场和发展外向型经济的强劲引擎[①]。

国内不断加大对跨境电商的政策支持力度，为其高质量发展提供制度保障。跨境电商作为当前发展速度最快、潜力最大、带动作用最强的外贸新业态，逐渐成为国家推动外贸创新发展的重要抓手和新的增长路径。2022 年 11 月 14 日，国务院批复同意在廊坊市等 33 个城市和地区设立跨境电子商务综合试验区，为跨境电商发展打造了创新高地，不断激发外贸主体活力，提升外贸运行效率。2023 年中央经济工作会议提出，"要加快培育外贸新动能，巩固外贸外资基本盘，拓展中间品贸易、服务贸易、数字贸易、跨境电商出口"[②]，强调了跨境电商在培育外贸新动能中的重要地位和作用。此外，国家还提出加快建设"丝路电商"合作先行区，为跨境电商国际合作创造新机遇。2024 年 6 月 8 日，商务部等 9 部门出台了《关于拓展跨境电商出口推进海外仓建设的意见》，旨在进一步拓展跨境电商出口，优化海外仓布局，促进

---

① 张大卫、吕村、喻新姿：《中国跨境电商发展报告（2024）：跨境电商全球供应链重构重塑》，社会科学文献出版社，2024 年。

② 《激发有潜能的消费　加快培育外贸新动能》，中国政府网，2023 年 12 月 29 日。

跨境电商高质量发展。

二、中国跨境电商发展意义

跨境电商为外贸发展注入新动能。在全球经济增长放缓、贸易不确定性增加的情况下，跨境电商有利于深度整合全球要素资源，加速更高水平更高质量更深层次的国内国际双循环新发展格局的形成。跨境电商通过构建全球供应链和物流网络以及数字化平台，打破了传统贸易的地理和时间限制，不仅使得中小企业能够更容易地进入国际市场，还使得国内企业能够将高质量、高性价比的产品和服务推向国际市场，为我国外贸发展带来新的增长点。据商务部数据显示，过去5年，中国跨境电商贸易规模增长超过10倍。2024年一季度，跨境电商进出口5776亿元，同比增长9.6%，全国跨境电商主体已超12万家，跨境电商发展速度快、增长潜力大、带动作用强，逐渐成为我国外贸发展的有生力量，不断为外贸发展注入新动能。

跨境电商推动产业带高质量发展。《"跨境电商＋产业带"高质量发展报告》指出，"跨境电商＋产业带"是数字经济与实体经济融合的典型场景，跨境电商通过加快产业带企业数字化进程、促进产业带企业以需求引领创新研发、助力产业带企业拓展国际市场、提升产业带企业海外履约效率等路径对产业带全面赋能，推动产业转型升级。目前，"跨境电商＋产业带"以跨境电商综合试验区为载体实现快速发展，且集中分布在我国东部沿海地区。据《经济参考报》数据显示，我国江苏、广东、山东、浙江已经实现了跨境电商综合试验区全省覆盖，全国165个跨境电商综合试验区内建成了1000多个跨境电商产业园，跨境电商与产业链供应链逐渐融合，综合试验区内企业的跨境电商贸易规模占全国的比重超过 95%。

跨境电商助推消费需求多元化个性化发展。一方面，跨境电商使得交易流程扁平化，不同国家和地区的产品和服务更容易进入全球市场，消费者拥有更多的选择权，消费者行为更加多元化。中国海关总署数据显示，2022 年跨境电商出口商品中，消费品占据92.8%，其中，出口最多的消费品种类为服饰鞋包，占比为 33.1%，其次为手机等电子产品和家居家纺用品，占比分别为 17.1% 和7.8%；进口商品中，消费品占据 98.3%，其中，进口最多的消费品种类为美妆和洗护用品，占比为 28.4%，食品生鲜（14.7%）、医药及医疗器械（13.9%）和奶粉（12.9%）分别位居第二至第四位。另一方面，在数字化浪潮的推动下，跨境电商平台越来越注重分析用户数据，推出符合消费者个性化需求的产品和服务。据奈百勒（跨境）深圳研究院的数据，2023 年全球定制化商品市场规模已达到数百亿美元，同比增长率远超其他传统商品类别。就服装而言，2023年跨境电商平台上定制服装的销售额同比增长超过 50%，显示出消费者对个性化定制商品的强烈需求。

第二节 中国跨境电商发展的内外部环境

一、国内环境

近些年中国跨境电商发展迅速，逐渐成为稳外贸的重要力量，国家及地方政府从税收优惠、通关便利化、金融服务支持、海外仓建设、知识产权保护、国际合作等多方面出台政策，为跨境电商发展提供良好政策环境，支持跨境电商高质量发展。例如，中国政府网信息显示，截至2022年底，国务院已先后分7批设立了165个跨境电子商务综合试验区，覆盖了31个省（区、市），这些试验区作为跨境电商发展的创新高地，有效推动了跨境电子商务业态创新发展。2023年1月30日，财政部、海关总署、税务总局联合发布《关于跨境电子商务出口退运商品税收政策的公告》，提出降低跨境电商企业出口退运成本，积极支持外贸新业态发展。2023年4月25日，国务院办公厅印发的《关于推动外贸稳规模优结构的意见》指出，加大对跨境电商等新业态新模式的支持力度；支持外贸企业通过跨境电商等新业态新模式拓展销售渠道、培育自主品牌等。2023年7月10日，上海市商务委员会等印发的《上海市推进跨境电商高质量发展行动方案（2023—2025年）》，提出进一步深化中国（上海）跨境电商综合试验区建设，激发外贸增长新动能，推动跨境电商高质量发展，促进外贸保稳提质。2023年11月23日，国务院批复《支持北京深化国家服务业扩大开放综合示范区建设工作方案》，规定对允许列入跨境电商零售进口商品清单的中国国际服务贸易交易会进境展览品（药品除外），在展览结束后进入海关特殊监管区域或保税物流中心（B型）的，符合条件的可按照跨境电商网购保税零售进口商品模式销售等。

二、国际环境

中国跨境电商海外市场规模以及影响力增大的同时，各国在税改、合规监管、新公司法、知识产权等方面出台了一系列"合规"监管政策以及贸易保护措施，中国跨境电商发展面临的国际环境日益严峻。例如，2020 年，印度开始禁用来自中国的 59 款 App，其中包括 TikTok、微信、微博、百度地图等；2023 年 9 月，印度尼西亚颁布一项名为《2023 年第 31 号贸易部长条例》的法令，该法令规定在印度尼西亚的社交媒体只能用于商品或服务的推广，禁止用作商品的销售平台；2024 年 2 月 17 日起，欧盟《数字服务法》全面生效，该法案强化了对在线平台，尤其是大型在线平台的规制，包括亚马逊、缤客（Booking.com）、阿里巴巴全球速卖通和德国的 Zalando 在内的 19 个互联网平台将受到影响；据相关媒体报道，美国国土安全部拟对"小额免税"进入美国的包裹进行更严格的审查，以确保其中不包含损害美国国家利益的物品；2024 年 4 月 23 日，美国参议院通过"剥离TikTok"法案，要求中国科技公司字节跳动剥离 TikTok，进一步限制中国跨境电商的发展等。

第三节　中国跨境电商发展的现状与趋势

中国跨境电商规模持续增大，逐渐成为外贸增长新引擎。一方面，跨境电商进出口规模持续提升。海关总署数据显示，中国跨境电商进出口总额从 2019 年的 12903 亿元增长到 2023 年的 23800 亿元（图 1-1）。其中，2023 年跨境电商出口 1.83 万亿元，增长 19.6%；进口 5483 亿元，增长 3.9%。2024 年一季度中国跨境电商进出口 5776 亿元，同比增长 9.6%，其中跨境电商出口 4480 亿元，同比增长 14%。另一方面，中国跨境电商主体不断增长。商务部数据显示，全国有外贸进出口实绩的企业达 64.5 万家，其中跨境电商主体超过 10 万家。与此同时，跨境直播带货等数字化外贸方式成为一些外贸企业获取订单、推动品牌"出海"的重要途径。据企查查提供的数据，中国现存直播相关企业148.04万家，近10年来直播相关企业注册量呈现持续增长态势。阿里巴巴国际站提供的数据显示，2023年以来，每天在线观看跨境直播的海外买家同比增长127%，为外贸商家带来的商机增长达156%。拼多多提供的数据显示，Temu平台自2022年9月上线以来，先后在40多个国家开通业务，覆盖五大洲，很多中国制造商通过跨境直播将货物卖到欧洲和美国市场。在海外"购物类App"下载量排名榜单上，中国快时尚电商平台希音（Shein）常年稳居前列，网红直播等营销方式成为其在海外社交平台推广、引流的重要方式[①]。

跨境电商海外市场日益多元化，进出口商品品类较为集中。一方面，中国跨境电商进口国以日本、美国和韩国为主。商务大数

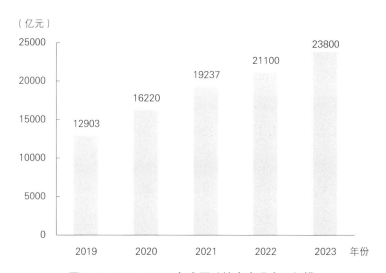

图1-1　2019—2023年中国跨境电商进出口规模

数据来源：中国海关总署。

---

① 《跨境直播电商：中国外贸生力军（环球热点）》，《人民日报海外版》2024年3月5日第10版。

据显示，从原产地看，原产自日本、美国和韩国的商品跨境网络零售进口额居前三位，占整体跨境网络零售进口额的 29.3%；另一方面，从跨境电商出口额排名看，2022 年，中国跨境电商出口额排名前十位的国家分别为美国、马来西亚、新加坡、澳大利亚、越南、韩国、泰国、菲律宾、印度、日本。与此同时，欧美等成熟市场仍为中国跨境电商的主要市场，随着"一带一路"倡议的推进与《区域全面经济伙伴关系协定》等相关自由贸易协定的落地，东南亚、拉美、中东等新兴市场逐步崛起，中国跨境电商海外市场布局日益多元化。此外，中国跨境电商进口品类以化妆品、粮油食品和服装鞋帽针纺织品为主。据商务大数据显示，从进口品类看，化妆品、粮油食品和服装鞋帽针纺织品跨境网络零售进口额位居前三位，占整体跨境网络零售进口额的 72.9%。中国跨境电商出口品类以电子产品、服装鞋帽、箱包、家居用品为主，同时高技术含量的产品出口规模不断扩大，如 3D 打印、超级储能、四足机器人、功能型生活用品等。

跨境电商物流服务能力持续提升，不断助力跨境电商高质量发展。一是海外仓服务和管理能力持续提升。商务部数据显示，截至 2023 年底，中国已累计建设海外仓超 2500 个，面积达 3000 万平方米；其中累计建设运营跨境电商海外仓超 1800 个，面积约 2200 万平方米，数量和面积分别较 2022 年底增加超 200 个和 300 万平方米。通过划分区域、规范库内作业、制定产品分类标准、引入仓库管理系统等方式，中国海外仓逐步实现精细化管理，助力跨境电商高质量发展。二是中欧班列对跨境电商的支撑作用进一步凸显。如 2021 年 6 月，山东省首列跨境电商货物专列"齐鲁号"开行，2022 年"齐鲁号"总开行量达到 6517 列；2022 年中欧班列（沈阳）跨境电商专列实现了进出口双向全模式运营；中欧班列"长安号"已累计开行 21193 列，2023 年开行首次突破 5000 列，同比增长 15.6%，约是全国增幅的 2 倍。三是"丝路海运"电商快线助推跨境电商"走出去"。2022 年 6 月 10 日"丝路海运"电商快线正式启动。电商货物可享受提前进场、直提直装、快速通关、无缝中转等便利措施，加快跨境电商企业和制造企业"走出去"步伐。据厦门海关统计，开通一年来，跨境电商出口货物 3.9 万票，货值约 3.5 亿元，以箱包、鞋服、日用品、健身器材等商品为主。

第二章
数字化赋能跨境电商的技术和趋势

　　随着互联网、大数据、人工智能、区块链、物联网、5G 等数字技术的飞速发展，跨境电商不再仅仅是传统贸易模式的简单数字化延伸，而是成为一个集技术创新、模式创新、市场创新于一体的全新生态体系。通过信息技术的广泛应用，跨境电商打破了传统贸易的地域限制，实现了生产者与消费者的直接连接，极大地缩短了供应链条，降低了交易成本，提高了市场效率。在技术层面，人工智能与大数据的深度融合，为跨境电商提供了强大的数据分析和智能决策支持，同时也使海外仓数字化与供应链可追溯性成为可能。此外，人工智能与 5G 技术在生产、流通、消费等环节得到广泛应用，有效降低了信息不对称的风险，增强了交易的透明度和信任度，提升了消费者的购物满意度和忠诚度，实现了货物运输的实时监控和智能调度，提高了物流效率和客户满意度，为全球化物流网络的建设和供应链可追溯性的实现提供了强大的技术支撑。

第一节　数据驱动的外贸决策

一、数据采集与分析工具

在当前数字化时代，数据采集与分析工具已成为跨境电商企业决策过程中不可或缺的关键组成部分。这些工具的作用不仅在于数据收集，更重要的是它们能够帮助企业洞悉市场趋势并优化运营策略。随着技术的不断发展，这些工具变得越来越强大，但也带来了新的挑战。

（一）数据采集工具的演变

数据采集工具经历了从手动录入到自动化和智能化的演变过程，这一演变反映了市场需求的变化。过去，数据采集工作常常烦琐且容易出错。然而，随着技术的进步，企业现在能够通过网络爬虫、API 集成等技术高效地从多种来源（如社交媒体、电子商务平台和公共数据库）收集数据。例如，Python 编程语言中的 Scrapy 和 Beautiful—Soup 等库被广泛应用于网页数据的抓取。

（二）数据分析工具的应用

数据分析工具，如 SPSS、SAS、R 语言和 Python，提供了强大的数据处理能力。它们支持各种统计分析和机器学习算法，有助于企业从海量数据中提取有价值的信息。以 Tableau 和 Power BI 为例，这两个工具能够将复杂的数据转化为直观的图表和报告，使非技术人员也能够理解和利用数据。

（三）数据工具在跨境电商中的应用

在跨境电商领域，数据工具的应用极为广泛。例如，亚马逊利用复杂的数据分析工具来优化其产品推荐系统、定价策略甚至物流安排。根据 IIA 在 2013 年发布的报告《大型企业中的大数据》，亚马逊通过分析顾客行为、购买历史和搜索习惯来提供个性化服务。这种数据驱动的策略显著提高了客户满意度和销售效率。

（四）挑战与对策

然而，数据采集和分析过程中也面临着许多挑战。数据质量和准确性是主要问题之一。企业需要确保所收集的数据可靠且相关，以避免垃圾数据对分析结果的干扰。此外，数据隐私和安全问题也不容忽视。随着数据保护法规的日益严格，企业必须确保其数据处理方式符合法律要求。

应对这些挑战，企业需要建立有效的数据治理机制。就像美国普渡大学 2012 年的研究《大数据的挑战与机遇》（*Challenges and Opportunities with Big Data*）所指出的，数据治理不仅包括数据质量管理，还涉及数据安全性、隐私保护等方面。同时，企业应该投资于员工的数据素养培训，以确保他们有能力正确理解和应用数据分析结果。

由此，数据采集与分析工具在跨境电商领域发挥着至关重要的作用。随着技术的不断进步，这些工具将变得更加强大和智能。然而，随之而来的挑战也不容忽视。企业在利用这些工具所带来的便利的同时，也要注意数据的质量、安全性和隐私保护。

二、数据驱动的市场营销策略

（一）策略框架

数据驱动的市场营销策略在当今商业环境中发挥着至关重要的作

用。菲利普·科特勒（Philip Kotler）在其经典著作《营销管理》（*Marketing Management*）中提出的市场营销理论为我们提供了一个理解和应用数据驱动营销策略的框架。科特勒强调市场细分、目标市场选择和定位的重要性，这些都是数据驱动营销策略的核心要素。

在这个框架中，数据用于识别和理解不同的市场细分，帮助企业定位其产品和服务以更好地满足特定细分市场的需求。数据分析可以揭示消费者的购买习惯、偏好和行为模式，使企业能够制定更加精准和个性化的营销策略。

（二）实际应用

在实际应用方面，企业通过利用各种客户数据进行细分，实现针对性的市场营销。以 Zara 为例，该品牌在快时尚领域利用数据来优化其产品线和库存管理。据《彭博商业周刊》2017 年的报道《快时尚走向科技化》（*Fast Fashion Goes Tech*），Zara 通过分析销售数据、客户反馈和市场趋势，快速调整其产品设计和库存决策。这种基于数据的方法使 Zara 能够迅速响应市场变化，减少过剩库存，同时提高客户满意度。

此外，数字化营销工具如社交媒体分析、网络行为追踪和客户关系管理系统，都在帮助企业收集和分析客户数据。通过这些工具，企业能够深入了解其目标客户群，从而设计出更加个性化的营销活动，提高转化率和客户忠诚度。

（三）效果评估

对于数据驱动的市场营销策略，效果评估同样重要。根据《营销科学》（*Marketing Science*）2018 年的研究《评估数字营销的效果》（*Measuring the Effectiveness of Digital Marketing*），评估一个数字营销活动的效果可以通过多种指标进行，包括但不限于点击率、转化率、顾客获取成本、顾客终身价值和品牌认知度。

有效的评估需要企业建立一套全面的数据收集和分析体系。这包括设置明确的关键绩效指标（KPI），并使用适当的分析工具跟踪这些指标的变化。通过持续监测和分析这些数据，企业可以及时调整其营销策略，以应对市场变化和提高营销效率。

总之，数据驱动的市场营销策略是现代企业不可或缺的部分。从科特勒的营销理论到 Zara 等品牌的实际应用案例，再到营销效果的评估，我们可以看到数据在帮助企业更好地理解市场和顾客方面发挥着关键作用。随着技术的进步和数据分析工具的发展，企业有了更多机会深入挖掘市场潜力，创造更高的商业价值。在实施数据驱动的市场营销策略时，企业需要注意数据的准确性和相关性，以及数据保护和隐私问题。同时，随着市场和技术的不断变化，企业也应持续更新其营销策略和工具，确保其策略的有效性和竞争力。

三、数据对供应链优化的作用

（一）供应链整合

在现代供应链管理中，数据的作用不容小觑。通过有效地整合和分析数据，企业能够实现供应链的优化和效率提升。沃尔玛的供应链管理就是一个典型例子。根据 2015 年的《沃尔玛：成功供应链管理的关键》（*Walmart: Keys to Successful Supply Chain Management*）一文，沃尔玛利用先进的数据分析工具来预测需求、优化库存，并实现供应链的即时反应。通过整合供应商、分销中心和零售店之间的数据，沃尔玛能够减少库存积压，提高货物周转速度，从而降低成本并提升客户满意度。

此外，数据整合还帮助企业在全球范围内更好地管理其供应链。通过实时数据分析，企业能够监控供应链的各个环节，及时调整策略以应对市场变化。例如，利用高级分析工具，企业可以准确预测不同地区的市场需求，据此调整生产和物流安排。

（二）风险管理

在供应链风险管理方面，数据的作用同样重要。根据《国际生产研究杂志》（*International Journal of Production Research*）2014 年刊发的研究《供应链风险管理：文献综述与未来研究》（*Supply Chain Risk Management：Literature Review and Future Research*），数据分析可以帮助企业识别和评估潜在的供应链风险，如供应中断、需求波动和运输延迟等。

通过收集和分析来自供应链各环节的数据，企业能够构建一个全面的风险管理框架，包括风险识别、评估、缓解的策略制定和风险监控。数据分析不仅可以揭示历史风险事件的模式，还可以通过预测分析预见未来潜在风险。此外，通过实时数据监控，企业可以迅速响应供应链中出现的问题，减少潜在的损失。

（三）创新案例

在数据驱动的供应链优化方面，其创新之一是利用人工智能进行库存管理。根据《国际物流管理杂志》（*International Journal of Logistics Management*）2019 年刊发的研究《供应链管理中的人工智能：理论与应用》（*Artificial Intelligence in Supply Chain Management：Theory and Applications*），人工智能技术在库存管理中的应用日益广泛。

利用机器学习算法，企业可以更准确地预测市场需求和库存需求。这些算法通过分析历史销售数据、市场趋势、季节性因素甚至天气变化，可以生成精准的需求预测。此外，人工智能还可以优化库存补货策略，减少过度库存和缺货的情况。例如，一些先进的系统能够自动调整订单量和供应商选择，以响应需求变化。

总之，数据在现代供应链管理中扮演着关键角色。从供应链整合到风险管理，再到利用人工智能进行库存管理的创新实践，数据驱动的方法正在彻底改变供应链的运作方式。企业通过有效利用数据，不仅可以提高效率和降低成本，还能增强应对市场变化的能力和竞争优势。随着技术的发展和大数据的普及，未来数据将在供应链优化方面发挥更加显著的作用。在实施数据驱动的供应链管理策略时，企业需要关注数据的质量、实时性和完整性。同时，考虑到数据安全和隐私的重要性，企业应采取适当措施保护敏感数据。最终，一条高效、灵活且透明的供应链将成为企业在激烈市场竞争中脱颖而出的关键。

第二节　海外仓数字化与供应链可追溯性

一、海外仓数字化的概念

海外仓数字化是指通过现代信息技术手段，对海外仓的各个环节进行数字化管理和互联互通。数字化的核心是信息化，它包括了物流信息、库存信息、订单信息、质量信息等各种数据的数字化采集、存储、处理和传输。数字化管理的实施可以实现供应链的实时信息共享、智能化决策和全程可视化，提高供应链的运作效率和管理水平。

海外仓数字化主要包括以下几个方面：一是物流信息的数字化，包括货物的运输、装卸、仓储等环节的信息采集和管理；二是库存信息的数字化，包括库存的数量、品种、位置等信息的实时监控和管理；

三是订单信息的数字化，包括订单的生成、处理、跟踪等环节的信息化管理；四是质量信息的数字化，包括产品的质量检验、追溯和管理等环节的信息化管理。

二、海外仓管理中的关键问题和解决方案

随着全球化的深入发展，越来越多的企业开始将目光投向海外市场，海外仓管理也成为企业国际化经营中的重要环节。然而，海外仓管理仍存在许多关键问题，如物流运输、库存管理、订单处理等。

（一）物流运输

物流运输是海外仓管理中的一个重要环节，其效率和成本直接影响企业的国际化经营。然而，海外仓管理中存在诸多物流运输方面的问题，如运输时间长、运输成本高、货物丢失等。为了解决这些问题，企业可以采取以下措施。（1）选择合适的物流服务商：企业可以通过比较不同物流服务商的运输时间、成本、服务质量等指标，选择最适合自己的物流服务商。（2）合理规划货物运输路线：企业可以通过合理规划货物运输路线，避免运输时间过长，降低运输成本。（3）加强货物追踪与监管：企业可以利用物流追踪系统，加强对货物的监管，及时发现并解决运输过程中的问题。

（二）库存管理

海外仓库存管理是海外仓管理中的另一个重要环节，其直接关系到企业的供应链效率和成本控制。海外仓库存管理中存在的问题主要包括库存过多、库存过期、库存损坏等。为了解决这些问题，企业可以采取以下措施。（1）制定科学的库存管理政策：企业可以根据产品的特性、需求预测等因素，制定科学的库存管理政策，避免库存过多

或过少的情况发生。（2）优化仓储布局：企业可以通过仓储布局的优化，合理利用仓储空间，降低库存管理成本。（3）加强库存监控与调度：企业可以通过库存管理系统，加强对库存的监控与调度，及时发现并解决库存管理中的问题。

（三）订单处理

订单处理是海外仓管理中的另一个关键环节，其直接关系到企业的客户满意度和品牌形象。海外仓订单处理中存在的问题主要包括订单错误、订单延迟、订单丢失等。为了解决这些问题，企业可以采取以下措施。（1）提高订单处理效率：企业可以通过优化订单处理流程、提高订单处理人员的工作效率，提升订单处理效率。（2）加强订单追踪与监管：企业可以利用订单追踪系统，加强对订单的监管，及时发现并解决订单处理中的问题。（3）加强客户沟通与服务：企业可以加强与客户的沟通，提高客户满意度，减少订单处理中的问题发生。

三、海外仓数字化与供应链可追溯性的关系

海外仓数字化和供应链可追溯性是相辅相成、相互促进的关系。海外仓数字化可以为供应链可追溯性提供技术支持和信息基础，提高供应链的信息化水平和管理效率，为供应链可追溯性的实施创造条件。供应链可追溯性需要建立在信息化的基础上，通过数字化的手段实现对产品全程信息的采集和管理，海外仓数字化为供应链可追溯性的实施提供了技术保障和管理支持。

具体来说，海外仓数字化可以通过实时数据采集和监控，为供应链可追溯性提供及时、准确的信息支持；通过智能化决策和管理，提高供应链的运作效率和管理水平，为供应链可追溯性的实施提供管理

保障；通过全程可视化和信息共享，增强供应链的透明度和可控性，为供应链可追溯性的实施提供技术支持；通过信息互联互通，实现供应链各个环节的协同和一体化，为供应链可追溯性的实施提供组织保障。

四、数字化对供应链可追溯性的影响

供应链可追溯性是指能够追踪和记录产品或原材料从采购到生产、加工、运输和销售的全过程。海外仓数字化对供应链可追溯性产生积极影响，主要体现在以下方面。

（一）实时跟踪与监控

海外仓数字化系统可以实时追踪和监控货物在供应链中的位置和状态。此系统通过使用传感器、条码、射频识别（RFID）等技术，能够记录货物的运输路径、温度、湿度等关键信息，实现供应链的实时跟踪和监控。这样的可追溯性使得供应链参与者能够准确获取货物的运输情况，提供更准确的交货时间和物流计划。

（二）质量溯源与问题溯源

海外仓数字化系统可以记录关键环节的数据，如原材料供应商、生产时间和地点等信息。通过这些记录，企业可以追溯到每个产品或原材料的来源和生产过程。在质量问题出现时，企业可以迅速找到问题根源，并采取相应的措施进行问题溯源，有效减少质量隐患。

（三）风险管理与灵活性

海外仓数字化系统可以帮助海外仓预测和及时应对供应链中的潜在风险。通过对供应链各个环节的数据进行实时分析，企业可以识别供应链中的瓶颈、延误或其他不可控因素，并及时调整计划，降低风险发生的可能性。数字化系统还能够提供实时反馈和预警，增加供应链的灵活性和响应能力。

（四）数据分析与优化

海外仓数字化系统可以收集并分析供应链相关的大量数据。通过对数据的分析，可以发现潜在的问题和改进机会。例如，通过分析库存数据和销售数据，可以优化库存管理，提高供应链的效率和成本控制水平。

综上，海外仓数字化与供应链可追溯性是当前供应链管理领域的热点问题，对于提高供应链的效率、降低成本、增强可追溯性和管理风险具有重要意义。海外仓数字化可以为供应链可追溯性提供技术支持和信息基础，提高了供应链的信息化水平和管理效率，为供应链可追溯性的实施创造了条件。数字化对供应链可追溯性的影响主要表现在提高了信息透明度和可控性、提升了运作效率和管理水平、降低了风险和责任、满足了市场和监管的需求。企业应加强对海外仓数字化和供应链可追溯性的研究和实践，提高供应链管理水平，提升竞争力。

第三节　人工智能在跨境电商中的应用

一、智能客服和自动化解决方案

（一）智能客服的起源、发展和商业运用

智能客服是利用人工智能和自然语言处理（NLP）等技术，为用户提供智能化、自动化的客户服务。其起源可以追溯到 20 世纪 90 年代末和 21 世纪初，最初以简单的自动应答机器人形式出现。这些早期的智能客服系统主要通过预设的回答和规则来回应用户的问题，功能相对有限。

随着人工智能和自然语言处理技术的进步，智能客服得到了迅速发展。人工智能技术的不断创新，如机器学习和深度学习，使得智能客服系统能够更好地理解和处理自然语言，提高了回答问题的准确性和智能化程度。同时，大数据的应用也为智能客服系统提供了更多的训练数据和更强的个性化服务能力。

智能客服的商业运用在提高客户体验方面发挥着重要作用。它们能够为大量用户提供个性化的服务，根据用户的历史数据和行为模式进行定制化的推荐和建议。这种个性化服务能够提高客户满意度和忠诚度，从而增强企业的竞争力。

智能客服系统在商业运用中为企业带来更高的效率和更多的成本节约。相较于传统的人工客服，智能客服系统能够处理更多的用户咨询，并且可以同时为多个用户提供服务，大大提升了响应速度和处理效率。这种自动化和智能化帮助企业降低了人力资源成本，并释放出人工客服处理更复杂问题和提供更高价值服务的能力。

随着技术的不断进步和应用，智能客服系统还在不断扩展其功能和应用范围。例如，语音识别技术和智能语音助手正在成为新的智能客服趋势，让用户通过语音指令进行购物、查询等操作，提升了交互体验。虚拟现实（VR）和增强现实（AR）技术也被用于客户服务，为用户提供更沉浸式和个性化的体验。

未来，智能客服系统还有望通过更深层次的技术创新，如情感识别、预测性分析等，进一步提升用户体验和服务水平。同时，跨界融合也是智能客服发展的趋势，不同行业的智能客服系统将更加互联互通，为用户提供更全面的服务体验。

（二）自动化解决方案的发展和商业运用

自动化解决方案是指利用技术手段实现工作流程、业务流程的自动化，以提高效率、降低成本和减少人力投入。其发展可以追溯到20世纪末和21世纪初的自动化生产线和工业机器人，逐渐拓展至各个行业和领域。

随着信息技术的快速发展和智能化水平的提升，自动化解决方案得到了迅速发展。传感器、物联网、大数据、人工智能等技术的不断创新和应用，使得自动化解决方案从简单的机器控制发展到更智能化、更个性化的阶段。企业可以借助这些技术实现业务流程的数字化、自动化和智能化。

在商业运用方面，自动化解决方案被广泛应用于生产制造、物流管理、客户服务、金融服务、医疗保健等领域。在生产制造方面，自动化生产线和机器人系统能够提高生产效率、降低成本，并提升产品质量。在物流管理方面，自动化仓储系统和智能物流解决方案可以实现自动化的库存管理和订单处理，提高物流效率。

自动化解决方案的商业运用还在不断拓展和深化，从简单的机械自动化向数字化、智能化、个性化方向发展。未来，随着技术的进步，自动化解决方案有望在更多领域实现普及和深度应用。

除了生产制造、物流和客户服务等传统领域，自动化解决方案也将渗透到金融、教育、医疗等更多行业中。自动化技术将帮助这些行业提高效率、降低成本，并创造更多商业价值。

自动化解决方案需要更加注重与人类的协作和互补。虽然自动化技术能够大幅提升效率，但人类的创造力、判断力和人情味仍然是无法取代的。自动化技术应该更多地与人类共同工作，发挥各自优势，实现生产力和创新力的更大提升。

同时，随着自动化解决方案在企业运营中的普及，相关的政策和法规也将更加完善。在数据隐私、信息安全、人机合作等方面，相关法规和标准需不断完善，为自动化技术的安全、可靠运用提供保障。

智能客服和自动化解决方案的结合，对提升客户服务质量、提高效率和增强市场竞争力起到了关键作用。智能客服系统，如聊天机器人，利用人工智能和自然语言处理技术，能够为消费者提供"24×7"全天候的在线支持。这种即时响应能力大大提高了客户满意度。Chatbot 等自动化系统能够立即回答常见问题，处理订单查询，并提供即时帮助，从而减轻人工客服的工作负担，实现了 1+1>2 的效果。未来随着人工智能、自然语言处理等技术的加强及人们对人工智能技术接受程度的提高，智能客服和自动化解决方案将使得这些虚拟的客服更加"人性化"。

二、个性化推荐系统

（一）个性化推荐系统的发展和商业运用

个性化推荐系统是一种利用数据分析和机器学习技术，根据用户的历史行为和偏好，为其推荐个性化内容的系统。其发展可以追溯到早期的基于协同过滤和内容过滤的推荐算法，逐渐演变为更智能化、更精准化的系统。

1995 年 3 月，卡内基梅隆大学的罗伯特·阿姆斯特朗（Robert Armstrong）等人在美国人工智能协会会议上提出了个性化导航系统 Web Watcher；斯坦福大学的马尔科·巴拉巴诺维奇（Marko Balabanovic）等人在同一会议上推出了个性化推荐系统 LIRA。

经历了近30年的发展，个性化推荐系统已经逐渐融入生活的许多方面。在商业运用上，许多电商平台如淘宝、社交媒体平台如抖音和小红书等，广泛应用了个性化推荐系统。以淘宝为例，其个性化推荐系统通过分析用户的浏览记录、购买历史和行为模式，为用户推荐符合其兴趣和需求的商品，提高了用户的购物体验，并促进了平台销售额的增长。小红书和抖音等社交媒体平台也使用了个性化推荐系统，通过跟踪用户对内容的点赞、评论和分享等行为，为用户推荐更符合其喜好的内容，提升了用户黏性和平台活跃度。这些平台通过不断优化推荐算法，为用户呈现更具吸引力和个性化的内容，从而吸引更多用户并增加用户黏性。在电商领域，个性化推荐系统还在不断地创新和拓展。除了基于用户行为的推荐，还出现了基于用户画像和场景的推荐，如基于用户年龄、地域、性别等特征进行推荐，或是基于用户所处场景和环境进行推荐。这些创新带来了更加个性化、精准化的推荐服务，提升了用户体验和购买决策的效率。

（二）个性化推荐系统的算法分类

目前个性化推荐系统的算法大致可分为以下三类。

1. 基于关联规则的推荐算法（Association Rule-based Recommendation）

这种算法主要通过挖掘数据集中的项之间的关联规则来进行推荐。基本思想是，如果一个用户喜欢某个项A，那么根据历史数据中的关联规则，可以推断出该用户可能也会喜欢与A相关联的其他项B。常见的算法包括Apriori算法和FP-Growth算法。其优点是简单易实现，适用于稀疏数据集，但缺点是可能产生大量的规则，需要进行筛选和优化。

2. 基于内容的推荐算法（Content-based Recommendation）

这种算法主要根据商品本身的特征（内容）以及用户的偏好来进

行推荐。通过分析商品的特征向量（如关键词、标签、属性等）以及用户的历史行为或偏好，来给用户推荐相似的物品。其优点是能够为用户提供个性化推荐，不需要依赖其他用户的数据，但缺点是可能存在特征表示的局限性，容易陷入推荐过于相似的商品。

3. 协同过滤推荐算法（Collaborative Filtering Recommendation）

这种算法基于用户对物品的历史行为数据（如评分、购买记录等）来发现用户之间的相似性或商品之间的相似性，从而进行推荐。具体分为基于用户的协同过滤和基于商品的协同过滤两种方法。

基于用户的协同过滤方法通过寻找与目标用户相似的其他用户，推荐这些相似用户喜欢的商品给目标用户。基于商品的协同过滤方法则是通过发现商品之间的相似性，推荐与用户已喜欢商品相似的其他商品。这种算法的优点是能够利用用户行为数据进行个性化推荐，但在冷启动问题（新用户或新物品）上可能存在挑战。

个性化推荐系统在发展过程中不断整合更多的技术手段和算法，以提高推荐的准确性和个性化程度。传统的协同过滤、内容过滤等技术逐渐与深度学习、自然语言处理等技术相结合，使得推荐系统能够更好地理解用户需求和行为。

除了电商和社交媒体，个性化推荐系统也被广泛应用于视频流媒体、音乐播放、新闻阅读、在线教育等领域。例如，Netflix 和 Spotify 等平台通过分析用户的观看和收听历史，为用户推荐个性化的电影、音乐等内容，提高了用户的满意度和使用频率。

（三）对用户体验和个性化服务的影响

个性化推荐系统除了在商业上的运用，其在用户体验和个性化服务方面也起到了积极的作用。在用户体验方面，个性化推荐系统能够大幅提高用户的满意度。通过精准的推荐算法，用户更容易找到自己感兴趣的产品或内容，减少了搜索时间，提升了购物或使用的愉悦感。

提升用户体验。个性化推荐系统可以根据用户的历史行为、偏好和兴趣，为用户提供与其相关度更高的内容或产品，从而提升用户体验。用户可以更快速地找到符合其需求的信息或商品，减少搜索时间，提高效率。个性化推荐还可以增强用户对平台的黏性，提升用户满意度和忠诚度。

提高用户参与度。通过向用户推荐他们感兴趣的内容或产品，个性化推荐系统可以激发用户的兴趣和参与度。用户更倾向于与推荐的内容进行互动、浏览或购买，从而促进用户参与平台的活动。

提供个性化服务。个性化推荐系统能够根据用户的个人特征和偏好，为用户提供定制化的服务和体验。这种个性化服务包括定制化的推荐、个性化的广告、个性化的优惠和促销等，满足用户的个性化需求。

提高用户满意度和忠诚度。通过提供符合用户兴趣的推荐内容或产品，个性化推荐系统可以提高用户对平台的满意度。用户感受到平台对其需求的关注和理解，更愿意长期使用平台，并可能推荐给他人。

促进交叉销售和增加收入。个性化推荐系统可以通过推荐相关性较高的产品或内容，促进交叉销售和增加用户购买额度。平台可以通过个性化推荐提高销售转化率和用户购买频次，从而增加收入。

（四）个性化推荐系统的未来

个性化推荐系统以数据分析和机器学习技术为基础，旨在根据用户的历史行为和偏好为其推荐定制内容。它经历了从基于协同过滤和内容过滤的早期阶段到更智能、精准阶段的演变。技术进步将带来更深层次的用户行为分析、情感识别、跨平台协同推荐等功能，提供更个性化、多样化的服务。在用户体验和个性化服务方面，这些系统将继续提高用户满意度，减少搜索时间，为用户带来更愉悦的购物或使用体验。个性化推荐系统在未来将继续发挥重要作用，并在以下几个方面展现出更强的发展趋势。

多模态数据融合。未来的个性化推荐系统可能会更多地整合多种类型的数据，包括文本、图像、音频、视频等多模态数据。通过综合分析不同模态的数据，可以更全面地理解用户的兴趣和需求，从而提供更加准确的个性化推荐。

深度学习与自然语言处理。随着深度学习和自然语言处理技术的不断发展，未来的个性化推荐系统可能会更多地采用这些技术。深度学习模型可以更好地挖掘数据中的隐藏特征，从而提高推荐的准确性和效果；自然语言处理技术可以更好地理解用户的语义和情感，从而更好地理解用户的需求和兴趣。

增强个性化交互。未来的个性化推荐系统可能会更加注重用户与系统之间的交互体验。通过采用智能对话系统、虚拟助手等技术，系统可以更好地与用户进行交互，了解用户的实时需求和反馈，从而提供更加个性化的推荐服务。

隐私保护和透明度。随着用户对数据隐私和安全性的关注不断增加，未来的个性化推荐系统可能会更加注重用户数据的隐私保护和透明度。系统需要采取更多的隐私保护措施，确保用户的个人数据不被滥用或泄露，并提供更加透明的数据处理机制，让用户更加放心地使用个性化推荐服务。

跨平台和跨领域应用。未来的个性化推荐系统可能会更多地实现跨平台和跨领域的应用。不同平台之间可以共享用户数据和推荐模型，从而提供更加一致和个性化的推荐服务。同时，个性化推荐技术也可以应用到更多的领域，如电子商务、社交媒体、在线教育等，为用户提供更加个性化的服务体验。

人工智能代理增强。随着未来人工智能的发展，人工智能代理有助于人工智能深度模拟现实来实现逻辑优化，从而促进个性化推荐系统在各个领域的运用。

三、人工智能风险管控和预测分析

人工智能在风险管理方面的应用对于跨境电商行业而言至关重要。它不仅可以帮助企业更好地识别和降低风险，还能提升效率和优化决策。

（一）人工智能和大数据分析

人工智能在跨境电商的风险管理中扮演着关键角色。首先，人工智能技术能够分析大数据，识别潜在的欺诈行为和风险。它可以快速有效地处理海量数据，发现异常模式和规律，从而帮助企业及时识别并应对欺诈活动，降低损失。其次，人工智能能够构建预测模型，预测市场趋势和消费者行为，帮助企业做出更精准的决策，减少不确定性带来的风险。最后，人工智能还能够优化风险管理流程，自动化处理某些风险事件，提高效率，减少人工干预，降低出错率。

案例：阿里巴巴、亚马逊、贝宝利用人工智能进行风险管控和预测分析

阿里巴巴的风险管理

阿里巴巴作为中国领先的跨境电商平台，其利用人工智能技术改善了其风险管理体系。阿里巴巴运用机器学习和大数据分析技术，实现了对买家和卖家行为的实时监测和分析。

通过分析交易数据、用户行为模式和信用评级等因素，阿里巴巴能够及时识别潜在的欺诈行为，并采取相应措施消除交易风险。阿里巴巴还利用自然语言处理技术来监测和筛选交易中的信息，以便及时发现和处理可能违规的内容或信息。

亚马逊的预测性分析

亚马逊也在跨境电商领域广泛应用人工智能技术来管理风险。通过利用人工智能构建预测性分析模型，分析消费者行为、市场趋势和供应链数据并预测需求和库存需求。这有助于亚马逊更准确地控制库存、减少滞销产品和过多库存的风险，提高供应链效率。

贝宝（PayPal）的反欺诈系统

贝宝是一家跨境支付平台，其利用 AI 优化算力，保护用户免受欺诈和非法交易的威胁。贝宝的反欺诈系统利用机器学习算法对用户的交易模式、地理位置、设备信息等进行分析，识别潜在的风险交易。系统还能自动进行风险评估和阻止可疑交易，减少了欺诈事件对用户和平台的损害。

（二）区块链技术和人工智能的结合

人工智能在跨境电商的风险管理中还有其他重要应用。例如，人工智能可以通过智能合约技术来确保跨境交易的安全性和可靠性。智能合约基于区块链技术，通过自动执行合约条款，实现交易的透明性和不可篡改性，减少了合同履行过程中的风险。此外，人工智能还可以用于供应链管理，优化货物运输、库存管理和交付流程，减少因供应链中断或延误导致的风险。

案例：沃尔玛、汇丰银行、联邦快递利用人工智能优化供应链、物流和合约管理

沃尔玛的智能供应链管理

沃尔玛利用人工智能来优化其全球供应链。其利用人工智能技术预测需求和货物流动，帮助调整供应链策略并优化库存管理（图2-1）。通过分析消费者购买行为和市场趋势，沃尔玛可以更准确地预测商品需求，减少库存过剩或短缺的风险，提高供应链效率和客户满意度。

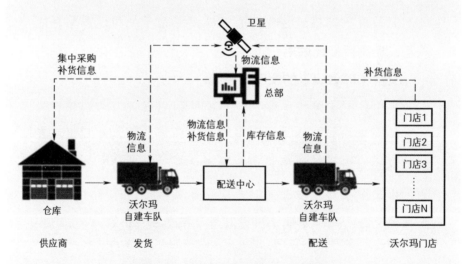

图 2-1　沃尔玛的全息化供应链体系

图片来源：兴业证券经济与金融研究院。

汇丰银行的区块链智能合约

汇丰银行利用区块链技术中的智能合约来管理跨境贸易融资业务。智能合约可以自动执行和验证合同条款，确保贸易交易的透明性和安全性。这种技术帮助汇丰银行降低了因违约或争议引起的风险，提高了交易的可靠性和效率。

联邦快递的智能物流

联邦快递利用人工智能技术优化物流运营，提高货物跟踪和交付的准确性。联邦快递利用机器学习分析大量的货物数据和交付路线，预测运输时间和最佳路线，减少交付延误的风险，提升物流运作效率（图 2-2）。

图 2-2　联邦快递启用人工智能分拣机器

图片来源：联邦快递官网。

人工智能在跨境电商的风险管理中发挥着越来越重要的作用。以上案例显示了区块链和人工智能技术在识别欺诈、预测趋势、优化供应链和确保交易安全等方面的应用。其不断发展的潜力将持续推动跨境电商行业的发展和风险管理水平的提升。

（三）人工智能和反欺诈系统

人工智能还可以在跨境电商风险管理的多个领域以多种方式发挥作用。其中之一是在客户服务和反欺诈方面的应用。通过人工智能技术，企业能够实现更智能化的客户服务，自动识别客户需求并提供个性化的支持。同时，人工智能可以通过分析大量数据来识别异常模式和行为，预防欺诈事件。

案例：易贝等平台利用人工智能优化客户服务和预防欺诈

易贝（eBay）的智能客服

易贝采用人工智能技术改善客户服务体验。易贝利用机器学习和自然语言处理技术来构建虚拟助手，通过智能对话处理客户问题，提供实时的个性化支持。这种智能客服系统不仅减少了客户等待时间，还能够更快速准确地解决用户问题，提高了用户满意度。

商店派（Shopify）的欺诈识别

商店派使用人工智能来识别交易中的欺诈行为。其利用机器学习算法分析交易数据、用户行为模式和地理位置信息，自动识别和拦截可疑的交易行为。这有助于减少欺诈事件对商家和用户造成的损失，提升了平台的安全性和信誉度。

跨境电商平台的人工智能风险预警

许多跨境电商平台利用人工智能技术建立风险预警系统。这些系统能够实时监测交易情况，对异常交易行为进行预警并采取相应措施。通过对用户交易模式、支付行为和地理位置等数据进行分析，系统可以及时发现并防范潜在的风险事件，降低了欺诈和违规行为的风险。

亚马逊的智能监控系统

亚马逊利用人工智能构建智能监控系统，实时监测平台上的商品和交易行为。该系统可以快速识别和处理不符合平台政策的产品或行为，提高了平台的安全性和合规性，减少了违规交易和欺诈行为对平台的影响。

人工智能在跨境电商领域的风险管理中发挥着关键作用，并在诸多方面实现了创新应用。以上案例显示，人工智能不仅能够识别和防范潜在的欺诈风险，还能提升客户服务体验，优化供应链管理，并加强监控和预警功能，为企业提供更全面、高效的风险管理解决方案。

第四节　5G 技术对跨境电商的影响

一、高速网络与跨境电商

（一）加速反馈

5G 技术的广泛应用对跨境电商的市场分析产生了深刻的影响。通过提供高速、低时延、大容量的通信网络，5G 技术不仅加速了数据的传输，也为大规模的市场分析提供了更强大的支持。

一方面，5G 技术的低时延性为跨境电商平台提供了实时获取市场反馈的能力。过去，市场反馈可能需要较长的时间才能被掌握，现在通过 5G 技术，企业可以更快速地了解用户的购物行为、偏好变化、产品热度等信息。这种实时的市场反馈有助于企业更灵活地调整战略、推出新产品或服务，更好地满足市场需求，从而使得跨境电商企业更快速地得到趋近于实时状态的市场反馈。

另一方面，5G 技术的应用使得跨境电商平台能够更好地处理全球范围内的市场信息。不论用户在何地，都能够更迅速地接入电商平台，进行购物和交易。这为电商企业提供了更广的市场覆盖面，支持其在全球市场的拓展和竞争。

通过 5G 技术，跨境电商平台可以更实时地分析竞争对手的动向。了解市场上其他企业的推广策略、促销活动、产品更新等信息，有助于企业更灵活地调整自己的市场策略，保持竞争力。实时的竞争对手分析使得电商平台能够更具前瞻性地应对市场变化。

（二）快人一步的预测与分析

5G 技术的高速数据传输使得跨境电商平台能够实现更为实时的库存管理。通过即时分析需求和销售情况，企业可以更精准地掌握库存状况，避免过剩或缺货。同时，供应链中的信息能够更迅速地传递，降低了订单处理时间，提高了供应链的灵活性和效率，使得电商无论是在备货还是在补货的预测分析方面都更加精准和快速。

此外，5G 技术的高速数据传输使得跨境电商平台能够更加迅速、精准地进行市场趋势分析和预测。通过实时获取用户行为和市场反馈，结合先进的分析算法，企业可以更好地理解市场动态，把握潜在的商机，提前调整产品策略和市场推广方案。这种实时的市场趋势分析为企业提供了更坚实的决策基础，有助于在激烈的市场竞争中保持敏锐度。

5G 技术的应用使得用户行为分析更为全面、实时。跨境电商平台可以通过分析用户在平台上的实时行为，了解其偏好、购物习惯，甚至是即时的情感反馈。通过对这些数据的深度挖掘和分析，企业可以更好地理解用户的需求，预测其未来的购物行为，为商品推荐、库存管理等提供更为精准的依据。

（三）营销优势

营销策略方面，5G 技术使得企业能够更及时地调整广告投放、促销活动和价格策略，以更好地迎合市场需求。这种实时的营销策略调整有助于提高广告投入的效益，增强市场竞争力。

5G 技术的高速传输为个性化推荐系统提供了更大的数据流量支持。跨境电商平台可以更快速、精准地分析用户的购物历史、浏览行为、喜好等信息，通过智能算法实现个性化推荐。这不仅提高了用户的购物体验，也促进了销售转化率。通过对大规模用户数据的实时处理，个性化推荐系统能够更灵活地适应市场变化，不断优化推荐策略。

市场定位优化方面。在 5G 技术的支持下，电商平台可以更精准地进行市场细分与定位。通过实时获取用户在不同地区、不同时间段的购物偏好和行为，企业可以更有针对性地推出地域化的促销活动、优化产品定位，提高市场精准度。这有助于企业更好地满足各地区、各细分市场的独特需求，提高市场占有率。

5G 技术为实时竞品分析提供了可能。跨境电商平台可以迅速了解市场上新产品的推出、竞争对手的促销策略等信息，及时调整自身的产品定位和市场策略，以保持竞争力。这种实时竞品分析使企业能够更灵敏地应对市场的动态变化，取得更多的市场份额。

二、5G 与物联网在跨境贸易中的应用

（一）智能物流及供应链管理

5G 技术的高速网络与实时数据传输为智能物流及供应链管理注入了强大动力。随着物联网技术的广泛应用，联网的传感器和设备使得

整个物流链更加可控，数据的实时监测让企业能够更及时地获取物流环节的信息，实现更高效的决策和响应。高精度的定位技术、智能运输工具管理以及智能化仓储操作，共同推动了物流的智能化和自动化，降低了人工成本和操作误差。整合5G技术的智能供应链决策与优化，使得企业能够更准确地预测需求、优化库存，提高供应链的灵活性和效率。

在智能物流中，5G技术不仅改善了数据传输速度，还为物联网设备提供了更强大的支持。传感器、RFID等物联网设备实时采集货物的位置、温湿度等信息，通过5G网络传输到中心系统，企业能够实时监控货物的状态，降低了货物丢失和损坏的风险。高度智能的运输管理工具通过5G网络实现对运输工具的远程监控、调度和管理。企业可以更有效地安排运输路线，提高运输效率。实时仓储与库存管理系统通过在仓库内部部署传感器、监控系统，使得企业可以实时监测仓库内的货物存放情况和库存水平。

（二）智能海关

智能海关方面，5G技术引领了传统海关模式的颠覆，实现了海关流程的智能化和高效性。高速网络带来了实时电子数据交换，取代了传统烦琐的文件传递方式，大幅提高了数据处理的速度和准确性。智能边境检查结合人工智能、图像识别等技术，提升了边境检查的精准性，能够有效防范违规行为。

5G技术的应用使得边境检查更为智能化和高效化。结合人工智能和图像识别技术，智能监控系统可以实时识别货物的状态，检测是否存在违禁品，提高了边境检查的精准性。远程审批与便捷通关通过5G技术的支持，实现了审批流程的高效远程处理，减少了通关时间。智能化风险评估通过大数据分析和人工智能技术，使得海关在风险评估方面更为智能化。通过对大量的进出口数据进行实时分析，海关可以更准确地识别潜在的安全风险和违规行为，实现更为精细化的风险管理。通过 5G 技术，海关监管更为智能化和全面化，实现对货物的实时追踪，更好地掌握货物的流向和状态，完成对货物的全程监管。这不仅提高了海关对于进出口物流的掌控能力，也有助于防范货物丢失和非法流通。基于 5G 技术的智能化通关服务使得通关变得更为便捷。企业可以通过在线平台实时查看通关进度、提交所需文件，提高了通关效率。未来，5G 技术在智能海关方面的进一步应用，将推动通关更为智能、迅速，助力国际贸易的畅通。

（三）货物在途追踪、仓储及库存管理

5G 技术在货物在途追踪、仓储及库存管理方面的应用使得整个供应链更为高效、精确。实时货物在途追踪通过搭载传感器、RFID 等物联网设备，实时更新货物的位置、温湿度等信息，降低了货物丢失和滞留的风险。智能化仓储管理通过在仓库内部设置传感器、智能监控系统，提高了货物的存储精度和可控性。实时库存监控与调整通过 5G 技术实现了库存水平的实时管理，避免库存过多或过少的情况发生，提高了库存周转效率。智能化仓储操作结合 5G 技术，实现了仓储操作的自动化和智能化，降低了人工成本和操作误差。未来，5G 技术在自动化库存盘点、供应链协同等方面的深入应用将为整个供应链带来更为创新和高效的管理手段。

智能化仓储操作方面，5G 技术的低时延和高带宽为智能化仓储操作提供了可能。5G 技术通过结合人工智能、机器人等技术，实现仓储操作的自动化和智能化。5G 技术的应用使智能化拣货系统实现了升级。通过与物联网设备、大数据分析相结合，拣货系统能够更准确地分析订单信息和货物位置，实现更快速、精准的拣货过程。这有助于提高订单处理速度，降低拣货错误率。5G 技术使得供应链各个环节更为协同。通过实时数据的传输和共享，供应链中的不同环节能够更及时地响应市场需求和变化。供应商、生产商、仓储方和物流公司等各个环节之间的协同性得到提升，使整个供应链更为高效和灵活。基于5G 技术，自动化库存盘点系统可以更高效地完成盘点任务。通过在货架和货物上安装传感器，系统能够实时识别货物的位置和数量，减少了传统手工盘点的时间和成本。

三、5G 技术引领移动支付和交易的全新时代

（一）移动支付平台的升级

随着 5G 技术的发展，移动支付平台实现了全面升级。高速、低时延的 5G 网络为支付指令传输提供了理想的环境，使得支付操作更为快捷。支付宝、微信等主流支付平台通过 5G 技术，实现了更精准的交易记录和账务管理。用户可以通过这些平台更方便地查看交易历史、实时余额等信息，提升了支付过程的透明度和用户体验。此外，5G 技术也为移动支付提供了更强大的数据处理能力，支持更复杂的交易场景，如高频率、高金额的交易，进一步扩展了移动支付的应用范围。

（二）新型支付验证方式的发展

5G 技术的低时延和高速为刷脸支付的普及提供了强有力的支持。刷脸支付采用人脸识别技术进行用户身份验证，以提高支付的安全性和简化支付过程。用户只需将脸部对准摄像头，系统便能够在几乎瞬间完成用户身份的验证并完成支付。这种生物识别技术的普及使得用户可以摆脱密码等信息的烦琐输入，支付方式更加便捷和高效，提高了整体交易效率。

5G 技术为掌纹支付的发展带来了新的机遇。掌纹支付通过对用户

手掌的几何形状和血管纹理进行识别，实现了高度的个体化身份验证。在 5G 网络的支持下，系统能够在几乎瞬间完成对掌纹的识别和验证，使支付变得更加便捷和安全。这种生物特征识别技术的兴起推动了支付方式的科技升级，为用户提供了更加安全、高效的支付选择，掌纹支付逐渐成为一种备受关注的支付手段。

随着 5G 技术的不断发展，声纹支付有望成为新兴支付方式未来的趋势之一。声纹支付通过分析用户的语音特征进行身份验证，具备高度的安全性。在 5G 网络的支持下，语音信息的传输和处理速度得到了显著提升，使得声纹支付更为实用。用户只需通过语音确认，即可完成支付过程，无须复杂的输入操作，支付更加便利。未来，随着声纹识别技术的不断成熟，声纹支付有望在多个领域得到广泛应用，成为移动支付的重要组成部分。

（三）移动支付的生态扩展

5G 技术不仅提升了支付平台的效率，还推动了移动支付生态的更广泛发展。随着物联网技术的融入，用户可以通过移动支付平台实现更多场景下的便捷支付，包括智能家居、智能出行等。例如，用户可以通过手机实现对家中智能设备的远程控制，并通过移动支付平台直接支付相关费用，提升了用户在多场景下的便利性。

5G 技术加速了移动支付的跨境应用。高速的数据传输和处理使得跨境支付更加迅速、可靠。用户在海外旅行或跨境购物时，通过移动支付平台能够实现即时的汇率转换和支付结算，提升了国际支付的便捷性。同时，企业间的国际贸易也受益于 5G 技术，实现了更加高效、安全的跨境交易。这一趋势推动了全球范围内移动支付的普及和应用。

5G 技术的支持使得移动支付平台能够更好地提供个性化服务。通过对用户行为和偏好的实时分析，移动支付平台可以为用户提供更加个性化的推荐、优惠等服务。例如，当用户在商场附近时，移动支付平台可以根据其购物历史向其推送相关商品的优惠信息。这样的个性化服务提高了用户体验，增强了用户对移动支付平台的黏性。

（四）移动支付的安全性提升

5G技术为移动支付的安全性提供了新的保障。5G网络的低时延和高带宽使得支付平台能够更及时、精准地应对潜在的安全威胁。同时，移动支付平台结合人工智能和机器学习技术，通过对用户行为的实时监测，及时识别并防范异常交易，提高了支付系统的整体安全性。这一安全性的提升对于用户的信任建设和移动支付的可持续发展具有重要意义。5G技术的发展从以下几个方面保障了支付安全。

低时延的即时响应。5G网络的突出特点之一是低时延，即数据传输的延迟极低。这对于移动支付的安全性至关重要，尤其是在处理风险事件时。与传统网络相比，5G网络可以更快速地传输支付指令和相关信息，使支付平台能够在几乎实时的情况下响应用户的操作，从而提高了整个支付系统的实时监控和反馈能力。

高带宽的数据保障。高带宽是5G网络的另一大优势，保障了更大量的数据传输。对于移动支付而言，更大量的数据可以在更短的时间内传输，为支付平台提供了更多可能性，如更复杂的身份验证、更细致的用户行为分析等，从而提高了支付的安全性。高带宽还有助于支持更强大的加密算法，进一步保护支付过程中的敏感信息。

网络切片的个性化安全服务。5G技术引入了网络切片的概念，即将一个物理网络划分为多个逻辑网络，每个网络都可以根据需求进行优化。这使得移动支付平台可以根据其独特的安全需求，定制专门的网络切片，提供个性化的安全服务。不同于"一刀切"的传统网络，网络切片为支付平台提供了更灵活、更有效的安全管理手段，有助于更好地应对各种潜在风险。

物联网与生物识别的融合。在 5G 技术的推动下，物联网得以更好地融入移动支付安全体系。设备间的实时通信和数据共享有助于构建更全面的用户行为模型，使得支付平台更容易检测到异常活动。同时，5G 的低时延和高可靠性使得生物识别技术（如指纹、虹膜、声纹识别）能够更加实时和可靠地进行身份验证，进一步提高了支付的安全性。

边缘计算的应用。在 5G 技术的驱动下，通过边缘计算，即在离用户更近的地方进行数据处理和存储，有助于减少中心化处理带来的潜在风险。在移动支付中，敏感信息可以在离用户更近的边缘计算设备上进行处理，减少在传输过程中的风险，提高支付系统的整体抗攻击能力。

加密算法的升级。5G 网络的高带宽和低时延使更强大的加密算法得以应用。对于移动支付而言，这意味着数据传输和存储更加安全可靠。新的加密算法和协议的采用，使得支付过程中的关键信息更难以被破解，从而有效应对了移动支付可能面临的各种安全威胁。

（五）移动支付的社会影响

5G 技术在移动支付领域的应用不仅对商业产生深远影响，也在社会层面产生积极影响。通过提高支付的便捷性和效率，移动支付为促进金融包容性提供了支持。在一些发展中国家，移动支付已成为许多人首次接触金融服务的途径，推动了金融普惠的进程。同时，移动支付的推广减少了纸币的使用，有助于降低社会的现金流通成本，提升了整体支付体验。

在中国，5G 移动支付促进了金融普惠，为更多人提供了便捷的金融服务。尤其是在偏远地区和农村，居民通过手机即可享受到线上支付、转账、贷款等服务，打破了传统金融的地域限制，推动了数字经济的蓬勃发展。中国零售业推动了支付方式的升级，智能商超、智能自助购物等新型零售业态不断涌现。无人零售、智能支付终端等创新技术的应用，使得购物更加便捷，也激发了商业创新的潜力，促进了零售业的数字化转型。移动支付平台也嵌入了社交功能，用户可以通过支付平台进行社交分享、红包赠送等互动，进一步拓展了社交的维度。支付数据的积累为智能算法提供了庞大的样本，推动了人工智能在风控、推荐等领域的应用，为相关科技企业提供了发展机遇。同时，5G 移动支付的兴起带动了相关产业链的延伸，包括支付终端制造、支付软件开发、支付服务提供商等。这为就业市场提供了更多机会，同时也带动了相关产业的健康发展，成为经济的新增长点。

放眼全世界，5G 移动支付为金融服务提供了全球化的可能性。世界各国的用户可以通过 5G 网络获得各类金融服务，促进了金融体系的全球互联互通，也为全球贸易提供了更加便捷的支付手段。在全球范围内，5G 移动支付还推动了城市数字化转型。智能城市建设中的智能交通、智能物流、智能健康等领域，都离不开便捷的移动支付支持。5G 网络使得跨境支付更加实时，为国际贸易提供了更加高效的结算方式。这有助于促进全球贸易的发展，降低国际贸易的支付成本。5G 技术同时催生了各种社会创新。在文化、艺术、教育等领域，5G 移动支付为跨国文化交流提供了新的方式。用户可以通过移动支付平台获得来自不同国家和地区的文化产品和服务，促进了全球文化的多元融合。

四、虚拟现实和增强现实技术在跨境贸易中的应用

随着科技的迅猛发展，虚拟现实（VR）和增强现实（AR）技术逐渐成为跨境贸易领域中不可忽视的创新工具。这两种技术在 5G 技术的加持下，以其强大的沉浸式体验和实时信息叠加功能，为跨境电商企

业提供了全新的业务拓展和沟通方式（图 2-3）。

（一）产品展示与体验

虚拟展览与展示。通过 VR 技术，企业可以建立虚拟展览，实现产品在数字空间的展示。这使得参与者无须实际到场，即可通过 VR 设备感受真实展览的效果。这对于国际贸易展会、产品发布会等活动而言，打破了时间和空间的限制，提高了产品的曝光度和知名度。

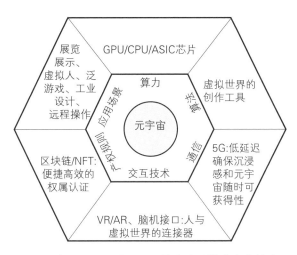

图 2-3　虚拟现实和增强现实技术在跨境电商中的应用

资料来源：作者自制。

产品演示与体验。VR 和 AR 技术为产品演示提供了更生动的方式。通过虚拟现实，客户可以在仿真的环境中观察产品的外观、体验产品的功能等特性，使得购买决策更为直观。这对于大型设备、机械产品等需要实地考察的行业尤为重要，有效缩短了决策周期。

虚拟样品与定制体验。借助 AR 技术，企业可以提供虚拟样品，让客户通过 AR 应用在实际环境中查看产品（图 2-4）。这种定制体验使得客户能够更好地了解产品的适用性和外观效果，为购买决策提供更充分的信息支持。

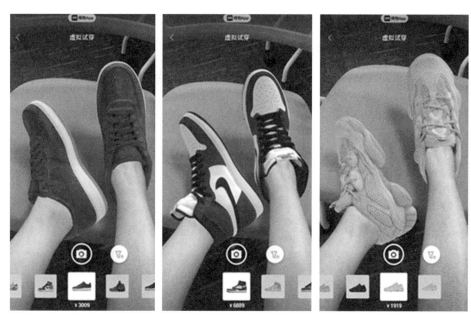

图 2-4   用户可通过 App 虚拟试穿鞋子

图片来源：《网购鞋子怕不合脚？"AR 虚拟试穿"了解一下！》，《新民晚报》2020 年 4 月 27 日。

（二）客户交流与沟通

虚拟商务会议。VR 技术使得商务会议更具沉浸感。与传统的视频会议相比，VR 商务会议能够提供更为真实的面对面沟通体验，使得远程合作更加高效。这对于国际贸易中涉及多方合作的项目而言，提高了沟通效率，减少了沟通的误解和不确定性。

虚拟商务考察。企业可以利用 VR 技术进行虚拟考察。在实际考察成本较高或不可行的情况下，通过虚拟现实，客户可以远程参观工厂、仓库等场所，全方位了解供应链和生产流程，提高对合作伙伴的信任度。

AR 实时翻译与信息叠加。AR 技术为多语言环境下的交流提供了解决方案。AR 应用可以实时翻译文字，将实际场景中的文字信息翻译成用户熟悉的语言，降低语言障碍。同时，AR 还可以叠加实时的产品信息、价格等，提供更全面的决策支持。

（三）培训与教育

虚拟培训与模拟操作。在外贸行业，特别是涉及设备、工艺等复杂操作的领域，VR技术为员工提供了安全、高效的培训环境。通过VR设备，员工可以进行虚拟操作，学习正确的流程和技能，减少在实际操作中可能带来的损失。

AR远程支持与维修。AR技术为企业提供了远程支持和维修的新途径。远程专家可以通过AR应用实时查看设备状况，为远程操作人员提供指导。这在跨境贸易中，特别是在一些技术含量高的行业，提高了问题解决的效率。

虚拟学习与培训。VR技术也在产品知识培训和销售技巧培训中发挥作用。通过虚拟学习模块，员工可以在模拟场景中学习产品知识、市场策略等，提高了学习的趣味性和深度。

（四）市场调研与预测

虚拟市场调研。VR技术为企业提供了更真实的市场调研方式。企业可以建立虚拟市场，通过用户的虚拟行为和反馈数据，进行更精准的市场分析。这种虚拟市场调研方式对于新产品的推出、市场定位等具有积极意义。

AR实时销售数据叠加。增强现实技术可以将实时销售数据叠加在实际场景中。例如，在展会中，AR应用可以通过扫描展品，了解该产品的销售情况、用户评价等信息，帮助客户更快速地作出决策。

综上，5G技术在跨境电商中发挥了深远的影响，为整个行业带来了巨大的变革。首先，高速网络的引入使得跨境电商在智能贸易和市场分析方面迎来了革命性的变化。5G的低时延和高带宽在智能贸易中意味着更高效的信息传递和处理，有助于提升整个供应链的运作效率。

其次，5G 技术为跨境电商注入了智能化的元素。智能客服和自动化解决方案得以更为流畅地运作，提高了用户体验。在个性化推荐系统方面，5G 的技术支持使得系统能够更快速、准确地分析用户行为和喜好，为用户呈现更符合个性化需求的商品和服务。最后，5G 技术的应用也为风险管理和预测分析带来了新的可能性。通过更高效的数据传输和处理，风险管理系统能够实时监测交易并进行快速反应，降低了潜在风险。基于大规模数据的分析也为企业提供了更精准的市场预测，有助于制定更科学的经营策略。

第五节　全球化物流网络和供应链可追溯性

一、全球物流网络布局

在全球化浪潮中，高效、可靠的物流网络成为企业成功的重要支柱。企业必须构建和优化全球物流网络，以应对日益复杂的国际贸易环境和日趋激烈的市场竞争。

（一）物流网络设计的重要性

物流网络设计的核心在于平衡成本和效率，确保货物能够在合理的时间和成本内到达目的地。在此过程中，企业需要综合考虑运输成本、交货时间、市场需求和供应链灵活性。有效的物流网络设计不仅能提高市场响应速度，还能在保持成本效率的同时，优化资源配置。

成本效率与服务品质的平衡。企业在设计物流网络时，应权衡运输成本和服务品质。例如，航空运输虽快速但成本高昂，而海运成本较低但时间较长。正确的策略是根据货物性质和市场需求灵活选择运输方式。

适应市场需求的动态设计。随着市场环境的变化，企业需要不断调整物流网络设计。例如，针对季节性需求波动或特殊市场活动，企业应灵活调整运输和仓储策略，以满足市场需求。

（二）全球物流网络的战略布局

全球物流网络的战略布局涉及如何在全球范围内合理分配物流资源。这不仅包括物流中心的选址，还涉及整个供应链的协调和优化。

地理位置的选择。在选择物流中心地点时，企业应考虑市场接近度、运输网络的便捷性、劳动力成本和政策环境等因素。理想的位置应能够平衡成本和服务效率，同时考虑到供应链的可持续性。

全球供应链的协调。全球化布局要求企业不仅要在地理位置上作出合理决策，还要在全球范围内协调供应链各环节。这包括与供应商的密切合作，以及确保供应链的透明度和灵活性。

（三）技术在物流网络设计和管理中的应用

随着技术的发展，物流网络的设计和管理日益依赖于先进技术的支持。

地理信息系统（GIS）在物流规划中的应用。利用GIS进行物流规划，可以帮助企业更准确地分析和优化运输路线、仓库位置和货物分配。GIS技术提供了强大的数据支持，帮助企业作出更为科学的决策。

运输管理系统（TMS）和仓储管理系统（WMS）的集成应用。通过整合TMS和WMS，企业可以在一个统一的平台上管理运输和仓储操作，提高整体物流效率。这种集成系统可以提供实时数据和分析，帮助企业优化库存管理，减少运输延误，并提高客户满意度。

（四）国际物流的发展趋势和挑战

随着全球化的不断深入，国际贸易的发展越来越迅猛，国际物流作为支撑国际贸易的重要组成部分也面临巨大的机遇和挑战。

1. 国际物流的发展趋势

信息技术的应用。随着信息技术的高速发展，国际物流正在逐渐实现信息化、智能化。物流企业通过大数据分析、云计算、人工智能等技术的应用，提高了物流运作的效率和可视化管理水平，降低了运输成本，提高了客户满意度。

多式联运的发展。多式联运是指通过不同的运输方式相互衔接，实现整体运输的一种方式。随着交通运输网络的不断完善和互联互通的需求增加，多式联运将成为未来国际物流发展的重要趋势。这种模式可以有效提高运输效率，降低成本，减少环境污染，有利于可持续发展。

绿色物流的推广。随着环保意识的不断增强，绿色物流已成为国际物流发展的重要方向。采用环保的包装材料、节能减排的运输工具、低碳的物流配送方式，将成为未来的发展趋势。同时，政府对绿色物流的支持和鼓励也将进一步推动绿色物流的发展。

供应链管理的升级。随着全球供应链的复杂性和不确定性不断增加，供应链管理也将面临更多的挑战和机遇。国际物流企业需要通过提升供应链的透明度、灵活性和可控性，应对市场的变化和客户的需求。

2. 国际物流面临的挑战

贸易保护主义的抬头。近年来，一些国家开始采取贸易保护主义措施，加大了对国际物流的限制和管控力度。这种措施将对国际物流产生负面影响，增加贸易成本，减缓国际贸易的增长速度。

跨境电商的快速发展。随着跨境电商的快速发展，国际物流面临着更高的服务要求和更大的市场压力。物流企业需要提供更便捷的服务，同时满足客户个性化、定制化的需求。

环境保护的压力。国际物流企业需要遵守更严格的环保法规和标准，同时承担更多的环保责任。这将对物流企业的成本、运作方式和形象管理提出更高的要求。

供应链的风险管理。全球供应链面临着多重风险，包括政治风险、自然灾害、恐怖主义等。物流企业需要加强对供应链的风险管理能力，提高应对风险的能力和速度，以保障供应链的稳定性和可靠性。

综上所述，全球物流网络的布局是一个复杂但至关重要的过程。通过综合考虑网络设计、战略布局和技术应用，企业能够构建出一个既高效又可持续的物流网络。在经济全球化的大背景下，面对不断变化的市场和各种风险挑战，企业需要不断创新和适应，以确保其物流网络能够有效支持其业务战略和长期发展目标。

二、供应链可追溯性

供应链的可追溯性在今天的商业环境中变得日益重要。通过实施有效的追溯策略和利用先进技术，企业不仅能够提升操作效率，还能增强品牌信誉和市场竞争力。

（一）供应链可追溯性的概念和重要性

供应链可追溯性是指企业在供应链的各个环节中，能够追溯产品的来源、生产过程、流通轨迹和质量信息。供应链可追溯性是现代供应链管理的重要内容，可以帮助企业实现产品的全程可控和全程可视，提高产品的质量和安全，降低风险和责任，满足市场和监管的需求。

供应链可追溯性主要包括以下几个方面：一是产品来源的可追溯，包括原材料采购、供应商选择、生产厂家认证等环节的可追溯；二是生产过程的可追溯，包括生产工艺、生产设备、生产人员等环节的可追溯；三是流通轨迹的可追溯，包括产品运输、仓储、配送等环节的可追溯；四是质量信息的可追溯，包括产品质量检验、测试、认证等环节的可追溯。

供应链可追溯性涉及从原材料采购到最终产品交付的每个步骤，是建立消费者信任和符合监管要求的基础。在全球化和互联网时代，消费者越来越关注产品的来源和生产方式。透明的供应链可以增强消费者对品牌的信任和忠诚度。同时，随着政府和国际机构对产品安全和质量的要求日益严格，可追溯的供应链成为企业合规的必要条件。

（二）实施策略

为了实现有效的供应链可追溯，企业需要制定全面的策略，覆盖供应链的所有环节。

供应商管理。企业应与供应商建立透明和合作的关系。通过对供应商进行定期审计和评估，可以确保原材料的质量和来源符合标准。

批次跟踪和质量控制。实施高效的批次跟踪系统对于追踪产品在供应链中的流动至关重要。同时，严格的质量控制流程可以确保产品符合所需标准。

（三）技术在可追溯性中的应用

现代技术在提高供应链可追溯性方面发挥着关键作用，使得追踪和管理变得更加高效和准确。

条形码和 RFID 标签。这些技术可以用于标记产品和批次，实现自动化的追踪和记录。它们使得追溯产品历史和位置成为可能，从而在出现问题时可以快速响应。

云计算和大数据。利用云计算和大数据分析，企业可以存储和分析大量的供应链数据。这些技术提供了更深入的洞察，帮助企业预测和管理供应链风险，同时提升运营效率。

区块链技术。区块链提供了一个不可篡改且透明的数据记录平台，极大地增强了供应链的可追溯性和安全性。通过区块链技术，企业可以实时追踪产品流动，并确保所有交易记录的真实性和一致性。

（四）供应链可追溯性的趋势和挑战

随着全球贸易的增长和复杂性增加，供应链可追溯性面临着新的挑战。全球标准和法规的适应方面，不同国家和地区可能有不同的标准和法规要求，企业需要确保其供应链系统能够适应这些多元化的要求。技术整合与数据安全方面，在采用新技术提升可追溯性的同时，企业也必须应对技术整合的挑战，并确保数据的安全和隐私得到保护。

三、区块链技术和智能合约的作用

在当今的供应链管理中，区块链技术和智能合约已经成为引领创新的重要工具，它们在提升供应链透明度、自动化交易处理以及增强数据安全性方面发挥着关键作用。

（一）区块链技术的应用

区块链技术作为一种分布式账本技术，通过其加密和去中心化的特性，可为交易记录提供安全、不可篡改的存储平台。在供应链管理中，区块链的应用使得交易记录变得更加透明和可靠。

数据记录的不可篡改性。区块链上的每一笔交易都经过加密，一旦记录便无法更改。这为供应链管理提供了高度的数据完整性。

增加透明度和可信度。区块链技术的透明性特征使得供应链中的所有参与方都可以实时查看交易记录，从而提高整个系统的可信度和透明度。

（二）智能合约的应用

智能合约作为基于区块链的自动执行合约，当预设条件被满足时，相关交易就会自动进行。

自动化交易处理。在供应链中，智能合约可以用来自动执行支付、审计和合规性验证。例如，一旦货物到达指定位置，相应的支付就会自动释放给供应商。

减少人工干预和提高效率。通过智能合约，许多原本需要人工干预的交易现在可以自动化完成，这不仅降低了人工错误的风险，还显著提升了供应链的效率。

（三）实际案例

许多公司已经开始利用区块链技术和智能合约来优化其供应链管理。

追踪产品来源。例如，一些食品公司利用区块链技术追踪农产品从田间到餐桌的全过程，确保产品符合有机和可持续生产的标准。

自动化支付和合规性验证。智能合约在供应链中的应用使得支付和合规性验证过程自动化，提高了交易的速度和准确性。例如，在国际贸易中，一旦货物通过海关并符合所有规定条件，智能合约便会自动触发支付，从而减少延误和减轻行政负担。

（四）区块链技术和智能合约的趋势和挑战

随着区块链技术和智能合约的不断发展和应用，它们正成为全球供应链管理中不可或缺的元素，但在技术整合以及数据安全和隐私保护等方面也面临挑战。一方面，将区块链和智能合约技术融入现有的供应链体系需要克服技术整合和兼容性的挑战。另一方面，虽然区块链本身具有很高的安全性，但在实际应用中，如何保护数据隐私和防止未经授权的访问仍是一个重要的挑战。

第三章
数字化时代的跨境电商管理与运营

跨境电商的管理与运营成为企业实现国际化战略、拓展全球市场、提升品牌影响力的关键路径。新兴市场以其庞大的人口基数、快速增长的经济实力和不断升级的消费需求，正逐渐成为跨境电商发展的新蓝海。这些市场不仅蕴含着巨大的商业潜力，还展现了多样化的文化特色和消费习惯，为跨境电商企业提供了广阔的探索空间和无限的发展机遇。同时，随着大数据、云计算、人工智能、区块链等前沿技术的广泛应用，跨境电商行业正经历着前所未有的变革与升级。这些技术不仅极大地提升了跨境电商的运营效率，降低了运营成本，还通过品牌推广、平台选择、内容营销等手段，为跨境电商企业提供更多的发展空间。

然而，数字化时代也给跨境电商企业的管理与运营带来了诸多挑战。不同国家和地区在法律法规、数据隐私、知识产权、税收政策等方面的差异和壁垒，对企业的合规经营、风险管理及供应链整合能力提出了更高要求。因此，探讨数字化时代下跨境电商的管理与运营策略，不仅关乎企业自身的生存与发展，更对推动全球贸易的繁荣与增长具有重要意义。

第一节　新兴市场和趋势分析

一、全球新兴市场的特点

全球新兴市场是指那些在经济和社会发展方面相对欠发达，但具有较高增长潜力的国家或地区。这些国家或地区通常处在工业化和经济改革进程中，面临着快速城市化、消费升级、技术创新和金融市场发展等一系列重大变革。全球新兴市场具有以下几个特点。

较高的经济增长潜力。全球新兴市场通常具有较高的经济增长潜力。这些市场在经济结构转型和产业升级的过程中，能够通过吸引外商直接投资、推动国内消费和提升出口竞争力来实现快速增长。

庞大的人口红利。全球新兴市场拥有庞大的人口基数，其中包括大量年轻的劳动力人口。这为市场提供了广阔的消费需求和丰富的劳动力资源，同时也为企业提供了巨大的机会。

巨大的市场潜力。全球新兴市场对于外来产品和服务的需求通常较高。随着人们收入水平的提高及消费观念的转变，这些市场对于高品质、创新和多样化的产品及服务的需求也在逐渐增加。

丰富的投资机会。全球新兴市场对于国内外投资者来说，提供了丰富的投资机会，这些市场中的企业和行业在技术创新、基础设施建设、能源开发、金融服务等领域都存在很大发展空间。

积极的政策支持。为了推动经济增长和吸引投资，许多全球新兴市场国家和地区采取了一系列政策措施，包括减税、降低贸易壁垒、促进外商投资等，以提供有利的环境和条件来支持企业的发展。

二、跨境电商在全球新兴市场的机遇和挑战

随着全球数字化时代的到来，跨境电商已经成为全球贸易的重要组成部分。随着跨境电商在全球新兴市场迅速崛起，诸多企业迎来了广阔的发展机遇。然而，随之而来的是机遇与挑战并存的时代，这需要参与到跨境电商的"玩家"们采取有效的策略和措施来应对。

（一）机遇

市场拓展机遇。随着互联网的普及和电商、短视频平台的发展，全球新兴市场庞大的人口和潜在消费者群体能够便捷地接触到国外商品，这为跨境电商提供了巨大的市场机遇。例如，东亚（中国、日本、韩国）、南亚（印度）、东南亚（越南、印度尼西亚、泰国）、非洲（南非、摩洛哥、埃及）、中东（沙特阿拉伯）、北美、南美等都拥有数以亿计的互联网用户，他们对国外商品有着强烈的兴趣和需求。跨境电商企业可以利用数字化平台和在线市场平台，将产品和服务推向这些新兴市场，实现全球化的业务扩展。

产品多样化机遇。跨境电商为企业提供了扩大产品线和产品多样化的机会。在全球新兴市场中，不同的消费者细分导致了对多样性和个性化的产品需求越来越强烈。通过跨境电商，企业可以将自己的产品引入新兴市场，并根据当地消费者的需求和喜好进行本土化的定制与调整。这样一来，企业可以更好地满足市场需求，提高产品的市场竞争力。

低成本运营机遇。相比传统的国际贸易模式，跨境电商企业在政

策等支持下，能够降低运营成本。数字化平台和在线市场为企业提供了低成本的销售渠道，不再依赖传统实体店面和物理仓储设施。此外，跨境电商企业可以利用云计算和物联网技术来优化物流和供应链管理，降低运营成本。这些低成本运营机遇为企业在全球新兴市场中实现高效盈利提供了便利。

（二）挑战

文化差异挑战。文化、语言、宗教等地域差异，使得企业需要理解多样的文化背景和价值观念，这给跨境电商带来了挑战。企业需要了解当地市场的文化特点、消费习惯、消费偏好、生活方式等，以便进行产品定制和推广营销策略的调整。此外，语言障碍和跨文化沟通也是企业面临的挑战，需要通过多种渠道和方式与当地消费者进行有效的沟通和交流。同时面对多种多样的宗教与习俗，企业也需要做好应对，促进本地化发展并尊重他国文化。

法规和政策挑战。全球新兴市场中的法规和政策环境常常变化多端，对跨境电商企业提出了挑战。不同国家和地区对进出口商品的监管、关税和贸易限制存在差异，企业需要了解并遵守相关法规，以避免潜在的风险和纠纷。此外，跨境电商涉及用户数据保护和网络安全风险，企业需要重视这些问题。

支付和物流挑战。跨境电商中的支付和物流是关键环节，但在全球新兴市场中面临着挑战。不同国家和地区的支付系统和货币存在差异，企业需要提供安全可靠的支付解决方案，以便消费者能够方便地完成交易。此外，物流和配送网络的建设和优化也是挑战之一。全球新兴市场的物流基础设施尚不够完善，物流成本较高，企业需要与当地合作伙伴合作，寻找最佳的物流解决方案。

竞争压力挑战。随着全球新兴市场的跨境电商快速发展，中国企业竞争压力也在不断增加。国内外的跨境电商企业纷纷进入这些新兴市场，争夺市场份额和消费者。企业需要制定差异化的市场定位和品牌战略，提供独特的产品和服务，以在激烈的竞争环境中脱颖而出。

面对上述机遇与挑战，企业可以采取以下应对措施。

一是投入时间和资源，深入了解目标市场的文化、消费习惯、法规和政策等方面的特点。这样可以更好地调整产品定位、推广策略和服务模式，满足当地消费者的需求，做好用户画像的描绘。二是与当地的合作伙伴合作。合作伙伴可以提供当地的经验和资源，帮助企业更好地适应当地市场，并解决支付、物流等方面的问题。三是建立安全可靠的支付体系。企业可以与当地的支付服务提供商合作，提供多种支付方式，并确保支付过程的安全性和便利性。四是优化物流和配送网络。企业可以与当地的物流公司合作，建立高效的物流网络，优化配送流程，提供可靠、快速的物流服务。五是利用创新技术，如人工智能、大数据和区块链等，提升运营效率和客户体验。六是社交媒体和数字营销。跨境电商可以利用社交媒体平台进行精准的数字营销，并与消费者建立更紧密的互动和联系，提高品牌知名度和用户参与度。

三、跨境电商的地域差异和需求变化

跨境电商的地域差异和需求变化是由不同地区的文化、经济状况、消费习惯和法律法规等因素所决定的。企业应基于对地域差异的了解，对不同地区市场需求变化进行预测。

（一）北美市场

北美市场是全球跨境电商的重要目标之一，北美消费者对于产品的多元化需求和品质服务非常重视。他们习惯于在线购物，注重品牌和创新，倾向于购买独特和高品质的产品。此外，北美消费者更加注重客户体验和售后服务，对于快速的配送和灵活的退换货政策有较高的期望。

近年来，消费者对可持续发展和社会责任的关注也在增加。他们更加注重产品的来源、生产过程和环境影响。未来消费者对于环保产品、社会公益和透明供应链的需求将继续增加，同时对于个性化定制和创新科技产品也会有更高的期望。

（二）欧洲市场

欧洲市场消费者注重产品的质量和可持续性，倾向于购买环保产品和支持履行社会责任的品牌。此外，欧洲市场具有多样性的需求，消费者希望购买来自不同国家和地区的产品，对文化差异和地方特色有较高的兴趣。

近年来，欧洲市场消费者对可持续发展和环境友好性的关注不断增加，包括产品的社会影响和环境足迹。

（三）亚洲市场

亚洲市场是全球跨境电商增长最快的地区之一。在这个市场中，移动支付和社交电商的兴起是显著趋势。许多亚洲国家的消费者更倾向于使用移动支付应用程序进行在线购物，并通过社交媒体平台获取产品信息和分享购物体验。此外，亚洲市场消费者对于时尚、美妆和电子产品等品类的需求较高，对新潮、高品质和创新的产品有较大兴趣。未来亚洲市场消费者对于个性化定制和个性化购物体验的需求将增加，同时对于环保产品和可持续发展的关注也会提高。

（四）拉美市场

拉美市场跨境电商发展潜力巨大，但也面临着支付和物流的挑战。由于信用卡普及率相对较低，许多拉美国家的消费者在线购物时面临支付方式的限制。不完善的物流基础设施和高昂的运营成本也是制约拉美市场跨境电商发展的因素。然而，随着移动支付和电子商务基础设施的日趋改善，拉美市场也为跨境电商提供了更多机会，消费者对于时尚、家居用品和健康美容等品类的需求不断增加。未来拉美市场消费者对于在线购物的方便性和选择性的需求将增加，对于本地品牌和文化的关注也将增长。

需要注意的是，以上是基于当前的趋势和预测，未来的变化可能受到各种因素的影响，包括经济状况、技术创新、政策法规等。企业在进入特定地区的跨境电商市场时，应密切关注市场动向并综合考虑不同市场的需求变化。

四、跨境电商行业的发展趋势

过去几年，随着全球化的不断推进以及数字技术的飞速发展，跨境电商行业发展迅速。随着全球市场和消费者需求的不断演变，跨境电商行业也在不断优化。

技术创新的推动。未来，跨境电商将更加依赖人工智能和大数据分析，以实现更精准的市场定位、个性化推荐和供应链优化。而虚拟现实和增强现实技术将为消费者提供更丰富、沉浸式的购物体验，促进跨境电商行业的增长。

市场地域差异的演变。亚洲市场将继续成为全球跨境电商的重要增长引擎，消费者对产品的质量、包装需求都在不断地精细化演变中。拉美市场将通过支付和物流基础设施的改善，成为引领跨境电商增长的重要地区之一。随着非洲数字化进程加速，非洲市场将成为跨境电商的新兴市场，消费者对于日用品、手机和电子支付的需求将呈指数级增长。

可持续发展的重要性。未来，消费者对于环保和绿色产品的需求将进一步增长，跨境电商企业需要重视产品的生产过程和供应链的可持续性。消费者对于企业社会责任和价值观的关注也在增加，跨境电商企业需要积极回应社会关切，并采取可持续的商业实践。

政策和法规的影响。为了保护消费者权益和促进公平竞争，各国政府将加强跨境电商监管，并推出更加严格的政策和法规。各国之间将积极推动跨境贸易协定的签署，以促进贸易便利化和市场开放，进一步推动跨境电商的发展。

供应链和物流的创新。随着物流技术的不断创新，跨境电商企业将加强与物流公司的合作，实现更快速、可靠的全球配送。为了更好地满足消费者的需求，跨境电商企业将在各地区建立本地化的仓储和配送中心，提供更快速的物流服务。

数据安全和隐私保护的挑战。跨境电商企业需要加强对消费者数据的保护，采取有效的安全措施，提升消费者的信任度。不同国家和地区的数据隐私法律不尽相同，跨境电商企业需要遵守各国相关法规，并制定合规措施。

新兴技术的应用。区块链技术将为跨境电商提供更安全、透明的交易环境，加强供应链的可追溯性和防伪能力。随着加密货币的发展和普及，跨境电商企业将逐渐应用加密货币支付，提升支付安全性和便利性。

人工智能和人类的协作。跨境电商企业将进一步利用人工智能技术，提供更智能、个性化的客户服务，提升用户体验。尽管人工智能的应用将提升效率和便利性，但人类的专业知识和创造力仍然是跨境电商成功的关键。

第二节　营销策略与全球化定位

一、全球化品牌推广与文化适应

在全球化时代，品牌推广已经超越了单一的市场边界，成为一种跨越国家和文化的挑战。全球化品牌推广需要考虑不同文化之间的差异，以确保品牌能够在各类市场中取得成功。

（一）了解目标市场的文化背景

在进行全球化品牌推广之前，了解目标市场的文化背景至关重要，包括语言、价值观、信仰、习俗和消费行为等方面。通过深入了解目标市场的文化，品牌可以更好地理解消费者的需求和偏好，从而进行有针对性的推广活动。

（二）适应不同文化的传播方式

品牌推广的传播方式在不同文化之间可能存在差异。一些文化更注重口耳相传和人际关系网络传播，而另一些文化则更倾向于通过广告和媒体来获取信息。因此，品牌需要根据目标市场的文化特点来选择合适的传播方式，以确保信息能够有效地传达给消费者。

（三）本土化的品牌定位和形象

品牌需要根据目标市场的文化特点来调整品牌定位和形象。这可能涉及品牌名称、标语、标识、色彩和形象等方面的调整，以使品牌更符合目标市场的文化背景，增强消费者的认同感。

（四）跨文化的沟通和信息传递

语言的差异可能导致信息的误解或不准确传达。因此，品牌在进行跨文化沟通时应该特别注意使用恰当的语言、符号和表达方式，以确保信息能够准确地传达给消费者。

（五）文化的敏感性和尊重

品牌应该避免使用冒犯性的语言、符号或形象，尊重不同文化的价值观和信仰。同时，品牌也应该积极参与和支持目标市场的文化活动和社会事务，以建立积极的品牌形象。

二、跨境电商的跨境营销策略

随着全球化的推进和互联网的快速发展，越来越多的企业选择进入跨境电商领域。然而，跨境电商面临着不同国家和地区的市场、文化和法律差异等挑战。在这样的环境下，制定有效的跨境营销策略至关重要。

（一）市场调研和目标定位

在进行跨境营销之前，企业应该进行充分的市场调研，了解目标市场的需求、竞争情况和消费者行为，具体包括了解目标市场的文化、消费习惯、购物偏好和支付方式等。通过市场调研，企业可以确定目标市场，并制定相应的营销策略。

（二）建立国际化的品牌形象

在跨境电商中，品牌形象是非常重要的。企业应该注重建立国际化的品牌形象，以增强消费者对品牌的认可和信任，包括设计专属的品牌标识和标语，并提供优质的产品和服务。品牌的国际化形象应该能够吸引目标市场的消费者，并与他们的文化和价值观相契合。

（三）多语言和本地化的平台网站

为了吸引和服务目标市场的消费者，跨境电商企业应该建立多语言和本地化的网站，包括提供目标市场所使用的语言版本，并根据文化差异进行适当的调整。网站的翻译应该准确、流畅，并且能够传达品牌的价值和信息。此外，网站的设计和用户体验也应该符合目标市场的偏好。同时，在不同的地域和国家，用户习惯使用的社交平台以及网站也不同，应根据不同文化习惯与喜好以及不同的人群，做好多平台多语言的不同营销策略。

（四）针对性的营销活动

针对性的营销活动可以帮助企业在跨境电商中吸引目标市场的消费者。这包括在不同国家和地区选择合适的营销渠道和媒体进行宣传推广。例如，利用当地的社交媒体平台、电子邮件营销和搜索引擎优化（SEO）等。此外，企业还可以结合目标市场的特殊节日和促销活动，提供个性化的优惠和服务，吸引消费者的关注和购买。

（五）物流和售后服务的优化

在跨境电商中，物流和售后服务是关键的竞争优势。企业应该与可靠的物流合作伙伴合作，确保产品能够及时、安全地送达目标市场的消费者手中。此外，建立高效的售后服务系统，包括提供客户支持、处理退款和退货等，以保证消费者的满意度和忠诚度。

综上所述，跨境电商的跨境营销策略需要综合考虑市场调研、品牌形象、网站多语言和本地化、针对性的营销活动以及物流和售后服务的优化。通过制定有效的跨境营销策略，企业可以更好地适应不同国家和地区的市场环境，吸引目标市场的消费者，提高品牌知名度和销售额。同时，企业还应密切关注市场变化趋势，不断调整和优化跨境营销策略，以适应不断变化的环境，保持竞争优势。

三、跨境电商卖家的发展策略

跨境电商为卖家提供了大量机会，可以将产品销售拓展到全球市场。然而，跨境电商成功的关键在于制定有效的策略，包括选择适合的目标市场、了解目标市场的文化和法规、建立强大的品牌形象、优化产品和定价策略、优化物流和客户服务、制定市场推广策略等。

跨境电商平台提供了一个连接卖家和全球消费者的桥梁，选择一个合适的跨境电商平台对于卖家的发展至关重要。对于一些知名的跨境电商平台包括亚马逊、eBay、阿里巴巴、京东、shopee、LAZADA、速卖通等，卖家应该仔细评估不同平台的优势、目标市场的覆盖范围和平台的费用结构等因素，选择最适合自己业务的平台。

四、社交媒体和内容营销在跨境电商中的运用

社交媒体和内容营销在全球范围内蓬勃发展，并成为跨境电商推广和品牌建设的重要工具。

社交媒体广告。企业可以在各大社交媒体平台上购买广告位，以展示产品或服务，并吸引潜在客户。这些广告可以根据目标受众的地理位置、兴趣爱好和其他细分市场进行定向投放，以最大程度地提高广告的效果和转化率。

跨平台内容发布。企业可以利用不同的社交媒体平台发布内容，吸引全球受众。无论是通过图片、视频、博客文章还是短视频等形式，内容都应该精心制作，与目标受众的文化背景和兴趣相契合，以增加

品牌曝光度，吸引关注和互动。

与社交媒体影响者合作。与当地或全球知名社交媒体影响者合作，可以帮助企业扩大品牌影响力和知名度。社交媒体影响者通过他们的账号和粉丝群体，向受众推广产品或服务，提供真实的产品体验或评价，从而增强品牌的可信度和吸引力。

社交媒体竞赛和促销活动。企业可以利用社交媒体平台举办竞赛、抽奖和促销活动，吸引用户参与并分享活动内容，进而提高品牌认知度和用户忠诚度。

社交媒体关怀和客户服务。企业可以通过社交媒体平台与客户互动，回答问题、解决问题，并提供个性化的客户关怀。这种方式可以增强用户对品牌的信任感，培养忠诚度，并为企业赢得口碑传播的机会。

地域化社交媒体策略。针对不同的地区和文化，企业可以制定地域化的社交媒体策略。这包括使用当地语言、了解当地文化和习俗、参与当地热门话题等。通过地域化社交媒体策略，企业可以更好地与目标受众建立联系，并在当地市场中取得成功。

需要注意的是，跨境电商在开展社交媒体和内容营销时需要考虑不同国家和地区的法规和文化差异。企业在全球范围内进行社交媒体和内容营销时，必须遵守当地的法律法规，并尊重不同文化的差异，以避免可能产生的问题和负面影响。具体可以采取以下策略。

多平台覆盖。全球各地的消费者使用不同的社交媒体平台，因此企业应该考虑在多个平台上开展活动，以覆盖更广泛的受众。例如，在中国市场，微信和微博是主要的社交媒体平台，同时 BiliBili、小红书、抖音、快手、知乎、豆瓣等都是可以发展到垂直类领域的社交媒体，而在西方市场，Facebook（现已更名为 Meta）、Instagram 和 Twitter（现已更名为 X）、Linkedin、whatsapp 等平台更受欢迎。跨境电商企业需了解目标市场的主要社交媒体平台，并在这些平台上建立品牌存在感。

本地化内容策略。针对不同的地区和文化，企业应该制定本地化的内容策略。这包括使用当地语言撰写内容、了解当地文化和价值观、关注当地热门话题，并适应当地的消费者偏好和习俗。本地化的内容能够更好地与目标受众建立联系，增加内容的共鸣力和吸引力。企业可以利用不同的社交媒体平台发布内容，吸引全球受众。

跨文化沟通。在全球范围内进行社交媒体和内容营销时，企业需要注意跨文化沟通的挑战。不同的文化有不同的表达方式、符号和隐喻，因此企业应该避免使用可能引起误解或冒犯的语言、图像或符号。在制作和发布内容之前，建议进行跨文化的审查和咨询，以确保内容的适应性和非敏感性。

社交媒体分析和数据监测。全球社交媒体和内容营销的成功需要不断监测和分析数据。通过使用社交媒体分析工具和监测软件，企业可以了解受众的反应、关注度和互动程度。这些数据可以帮助企业评估营销活动的效果，并根据结果做出相应的调整和优化。

社交媒体危机管理。社交媒体可以快速传播信息，因此企业需要做好社交媒体危机管理的准备。当出现负面评论、投诉或虚假信息时，企业应该迅速回应并采取适当的措施，建立有效的危机管理团队和流程，并与社交媒体平台保持紧密的合作，以应对可能的危机和负面影响。

跨境合作和合作伙伴关系。在全球范围内进行社交媒体和内容营销时，与当地合作伙伴和影响者建立合作关系是非常有益的。合作伙伴可以帮助企业更好地了解目标市场和文化，提供本地化的支持和洞察力，并扩大品牌的曝光度和影响力。

第三节　跨境电商的监管与合规挑战

一、跨境电商的国际法律法规概述

跨境电商已成为全球贸易的重要组成部分，它使得不同国家或地区的商家与消费者能够通过互联网进行交易。然而，跨境电商的迅速发展也带来了一系列监管与合规挑战。

自 2000 年以来，美国签署的每一项自由贸易协定都包含了关于电子商务的章节。这些章节包括对数字经济的重要保护措施，如禁止对数字商品征税、规则透明度以及信息自由流动等。然而，这些章节在处理所涉及的问题时往往采取了较为狭隘的视角，需要对其进行重新审视和更新，以更好地反映现代电子商务的本质。

当前亟须对跨境电商的法律进行框架搭建，包括一系列国际和国内的法律、规章、政策和标准，旨在规范和促进跨境电子商务活动。这个框架涉及多个法律领域，包括电子交易法、税法、知识产权法、消费者保护法、数据保护法等。以下是跨境电商法律框架的几个关键方面。

电子交易法律。这些法律为电子合同的有效性、电子签名的法律地位以及电子记录的可接受性提供了法律基础。例如，联合国国际贸易法委员会（UNCITRAL）的《电子商务模型法》被许多国家作为制定或修改国内电子交易法律的基础。

税收法律和政策。跨境电商涉及的税收包括关税、增值税（VAT）、商品及服务税（GST）以及可能的数字服务税。各国根据自身的税收体系制定相应的税收政策，同时也需要遵守国际协议和标准，如世界贸易组织（WTO）的规定和经济合作与发展组织（OECD）的指导原则。

知识产权保护。跨境电商活动中的知识产权保护尤为重要，涉及商标、版权、专利等方面。世界知识产权组织（WIPO）提供了一系列国际条约来促进成员间的知识产权保护和合作。

消费者保护法律。跨境电商必须遵守目标市场国家的消费者保护法律，这些法律通常包括关于产品安全、广告真实性、退货政策和个人隐私保护的规定。

数据隐私保护法律。随着数据跨境流动的增加，数据隐私保护成为跨境电商的一个重要法律问题。欧盟的《通用数据保护条例》（GDPR）是一个具有全球影响的法规，对欧盟公民个人数据的处理和转移制定了严格要求。

物流和海关法律。跨境电商的物流涉及商品的国际运输、清关和配送，这需要遵守国际海关法规和各国的进出口法律。

在具体实施上，许多国家和地区已经建立了针对跨境电商的特定法律框架。例如，中国推出了跨境电商综合试验区，出台了一系列税收优惠、海关便利化措施和监管创新政策。欧盟则通过《数字服务法》和《数字市场法》来调整数字平台的责任和市场行为，确保公平竞争和消费者权益不受侵害。

随着跨境电商的法律框架不断发展以适应数字经济的新挑战，国际和国内的政策制定者需要不断更新法律和政策，以促进跨境电商的健康发展，同时保护消费者权益、企业利益和国家安全。

二、数据隐私与安全合规

数字化时代，跨境电商的数据隐私与安全合规成为日益突出的议题，这不仅对企业的运营模式和策略产生了深远影响，也对消费者的购物行为和信心造成了显著的影响。

跨境电商企业为了提供个性化的服务和营销，往往需要收集和处理大量个人数据。这些数据如果没有得到妥善保护，就可能成为黑客攻击和数据泄露的目标，从而损害消费者的利益并影响企业的声誉和业务。在这个背景下，数据取证成为一项关键技能，需要专业的知识和工具来追踪和应对安全威胁。

（一）数据隐私

在企业"出海"过程中，数据隐私的保护是一个复杂而且极其重要的议题。不同国家和地区在处理数据隐私问题时采取了不同的策略。

1. 欧洲跨境健康数据交换路线图。考虑到欧盟成员国有不同的国家监管框架和医疗保健结构，成员国之间交换健康数据时，面临较为艰巨的保护敏感信息和隐私挑战。意大利通过加强监管和组织以及提升技术互操作性和网络安全来克服这些障碍。KONFIDO 项目是一个例子，该项目通过使用创新技术，如同态加密和区块链审计，来加强跨境健康数据交换的信任和安全性。

2. 物联网设备的数据隐私问题。Huang 等人通过开发并发布 IoT Inspector 工具，收集了真实世界家庭网络中智能家居设备的标记网络流量，这是目前最大的智能家居设备数据集之一。该研究发现，许多设备供应商，包括亚马逊和谷歌，使用过时的 TLS 版本并发送未加密的流量，有时甚至是用于广告和跟踪服务。此外，研究还发现智能电视与至少 10 家供应商的广告和跟踪服务进行了通信。跨境通信广泛存在，有时设备和互联网服务之间的通信是未加密的，这些服务大多位于可能存在隐私保护不足问题的国家。

3. 新冠疫情期间的数据隐私挑战。Lee 等人开发了一个全球传染病监测和案例跟踪系统，旨在通过大规模数据收集来促进新冠病毒的检测和控制。该研究基于国际患者摘要（IPS）这个电子健康记录，通过区块链架构保护隐私，包括数据加密、验证和记录交换。这表明，在处理传染病大规模数据收集时，保护用户隐私是可能的，但需要采用先进的技术和严格的数据处理标准。

这些案例研究表明，在跨境运营中处理数据隐私时，需要综合考虑法律、技术和组织问题。随着数字化和全球化的加速，保护跨境数据流中的个人隐私已成为国际合作和技术创新的关键领域。

（二）安全合规

安全合规在跨境贸易中的体现可以通过各种案例和研究来展示，这些研究探讨了在跨国运营中确保数据安全和合规性的不同策略和挑战。

1. 基于 ICT 的边境安全框架。Katara 和 Pokhriyal 的研究提出了一个改进的边境安全系统，该系统利用信息通信技术（ICT）在政府和公共部门机构之间进行错误自由和安全的信息交换。这种系统的使用加快跨境移动，提高检测不合规货物的准确性，减少欺诈行为，还可以确保货物在运输过程中不受损害。研究提出了一种利用 GPS 和特定对象的 RFID 技术的智能安全框架，以提供真实信息并最小化边境风险。

2. 监管合作与国际供应链中的计算审计。Wang，Hulstijn 和 Tan 的研究提出了一个合规监控框架，可用于国际供应链中的数据共享和分析。通过对荷兰海关监管的广泛案例分析，该研究验证了实施该框架的可行性。这一框架旨在为公共和私营部门提供审计目的的描述性和规定性分析，从而支持运营层面的控制策略，以从根源上降低风险。

3. 跨境合作和信息安全政策遵从性。Bauer 和 Bernroider 的研究探讨了信息安全政策遵从性与信息系统审计在识别工作场所非遵从性中的作用，特别关注在不知情或无意中违反公司信息安全指令的非恶意内部人员。研究通过加拿大专业人士的感知调查，提出并测试了一个研究模型，结果确认了高级管理支持和信念、处罚严厉性及成本效益分析对员工信息安全政策遵从性的显著影响。

这些案例研究表明，在跨境运营中实现安全合规，需要采用先进的技术、加强跨部门合作以及制定强有力的政策和监管框架。这些研究提供了有价值的洞察，帮助组织在全球化运营中保持数据安全和合规。

（三）影响

品牌忠诚度的提升。当企业能够有效地保护消费者的数据隐私和安全时，消费者更可能成为忠实的客户，这对于构建长期的客户关系至关重要。

形成合规性的市场优势。在许多情况下，遵守严格的数据保护法规不仅是法律要求，也可以成为企业的市场竞争优势，特别是在消费者越来越重视隐私保护的今天。

当然，保护数据安全需要企业投资最新的技术和安全措施，这对于许多中小企业来说可能是一个较大的财务负担。了解和遵守全球各地不断变化的数据保护法规需要专业知识，但这也可能会增加企业的运营成本。

（四）解决路径

数据加密。使用先进的加密技术来保护存储和传输中的数据，以防止未经授权的访问和数据泄露。

多层防御策略。采用多层安全措施，如防火墙、入侵检测系统和安全监控，来构建更为坚固的防御体系。

数据最小化原则。仅收集和处理完成业务所必需的个人数据，减少被攻击的风险。

（五）未来发展

随着技术的不断进步和国际合作的加强，未来跨境电商的数据隐私和安全合规面临的挑战将得到更有效的解决。例如，区块链技术的应用可能会为数据的安全存储和共享提供新的解决方案，而国际数据保护协议的制定则有助于统一全球的数据保护标准。此外，消费者教育的加强也将使消费者更加了解如何保护自己的数据隐私，从而在整个电商生态系统中形成一种共同的安全意识。

总之，虽然跨境电商在数据隐私与安全合规方面面临诸多挑战，但通过持续的技术创新、法规更新和国际合作，企业可以更好地保护消费者的数据，同时也为自己的业务发展创造更多的机会。在数字时代，保护数据隐私和安全不仅是法律和道德的要求，也是企业可持续发展的关键。

三、跨境电商的知识产权保护

在数字时代，跨境电商的知识产权保护尤为重要，因为它直接关系到创新成果的商业利用和国际贸易的公平竞争。知识产权包括版权、商标、专利等，其保护机制旨在鼓励创新并保护创作者的利益，但在跨境电商的运营中，知识产权保护面临着更复杂的挑战。

（一）跨境电商知识产权保护的意义

1. 创新激励。知识产权保护为创新者提供了保障，确保他们能从其创新成果中获得适当的回报。这种保护机制鼓励个人和企业投入资源进行研究和开发，促进了新技术、新产品和新服务的创造。

2. 市场秩序维护。有效的知识产权保护机制有助于维护公平竞争的市场环境，防止仿冒和盗版行为，保护消费者和正规企业的合法权益，从而促进市场健康有序发展。

3. 消费者信心提升。知识产权保护有助于确保消费者获得高质量的产品和服务。当消费者对购买的商品和服务的真实性和质量有信心时，他们会更愿意参与跨境电商交易，从而推动电商市场的繁荣。

4. 文化和创意产业发展。对文化和创意产品的知识产权保护，不仅有助于保护文化遗产，还能促进文化多样性和创意产业的繁荣发展。这对于提升软实力和推动国际文化交流具有重要意义。

5. 促进国际贸易。在全球化背景下，跨境电商的发展需要各国间的相互信任和合作。一个有效的国际知识产权保护体系可以促进跨国企业和消费者的信任，降低国际贸易的风险和成本，促进全球贸易的发展。

6. 促进经济增长。知识产权保护通过促进创新、保障公平竞争、吸引外国直接投资等，为经济增长提供了强有力的支撑。特别是对发展中国家和新兴市场经济体而言，强化知识产权保护是吸引国外投资和技术转移的重要因素之一。

因此，跨境电商知识产权保护不仅是维护市场秩序、激励创新和保护消费者权益的基本要求，也是推动经济全球化和促进国际贸易健康发展的重要支撑。

（二）知识产权保护措施

跨境电商中的知识产权保护面临多重挑战，主要原因是不同国家和地区的法律制度、执行力度及文化等存在差异。为了详细阐述跨境电商中的知识产权保护，我们可以通过以下几个关键方面进行探讨。

1. 国际协议和条约。包括 WTO 的 TRIPS 协议、WIPO 的伯尔尼公约、马德里协议等，这些都是国际知识产权保护的基石。

2. 国家法律。各个国家针对知识产权保护有自己的法律体系，包括版权法、商标法、专利法等。

3. 在线监测和执法。包括使用技术工具监测侵权行为、电商平台的自我监管机制以及知识产权持有人的主动维权行为。

4. 跨境合作机制。主要包括国际执法合作、信息共享、联合打击侵权行动等。

5. 消费者教育和意识提高。通过提高消费者对正版产品的认知，减少其对侵权产品的需求。

跨境电商呈现极强的增长势头，随之而来的知识产权治理和保护问题也变得更为复杂。这些困难部分源于电子商务与地区性知识产权保护之间的冲突，这种冲突来自技术创新和法律法规的滞后，以及缺乏国际协调等。

（三）未来展望

跨境电商知识产权保护未来将呈现多元化、技术化和国际化共同发展的局面，通过各方共同努力，可以形成更加完善和有效的知识产权保护体系。

1. 加强国际合作。跨境电商领域的知识产权保护将更加依赖于国际合作与协调。国际组织和各国政府需要建立更加紧密的合作机制，共同打击跨境侵权行为，共享监管信息和执法经验，以及协调知识产权保护的国际标准和规则。

2. 技术创新的应用。随着人工智能、区块链、大数据等技术的发展，这些技术将广泛应用于知识产权的保护和管理中。例如，利用区块链技术记录和验证版权信息，使用人工智能监测和识别侵权行为，以及通过大数据分析预测和防范潜在的知识产权风险。

3. 法律法规的完善。随着跨境电商的不断发展和知识产权保护需求的变化，相关法律法规也将不断更新和完善。这包括制定更加全面和具体的知识产权保护条款、调整适应数字经济特征的知识产权法律框架，以及为跨境电商特有的问题提供法律解决方案。

4. 企业自我管理的加强。企业在跨境电商知识产权保护方面的自我管理和自我规范也将得到加强。企业需要更加注重建立和完善内部知识产权管理体系，加强对员工的知识产权教育和培训，主动采取措施防范知识产权风险，并在跨境交易中积极维护自身和合作伙伴的知识产权权益。

5. 消费者意识的提升。随着消费者知识产权保护意识的提升和对高品质的追求，消费者将在跨境电商知识产权保护中发挥更加重要的作用。企业和平台需要更加注重与消费者的沟通和教育，鼓励消费者参与到知识产权保护中来，如举报侵权行为等。

6. 强化知识产权服务体系。为了更有效地保护跨境电商中的知识产权，未来可能会出现更多专业化的知识产权服务机构，为企业提供版权登记、专利申请、侵权诉讼等一系列服务。同时，也会有更多的知识产权保护工具和平台出现，帮助企业和个人更便捷地管理和保护其知识产权。

总体来说，跨境电商的知识产权保护在数字时代变得尤为关键，因为其不仅关乎创新和创造力的激励，还涉及国际贸易的公平性和可持续性。面对这些挑战，需要国际社会的共同努力，包括制定更加统一和兼容的国际规则，以及加强国际合作和交流，共同促进形成一个更加开放、公平和有利于创新的全球电子商务环境。

四、跨境贸易的关税与税务管理

（一）关税

在跨境贸易中，关税是调节国际贸易、保护国内产业和为政府创造收入的重要工具。跨境贸易中涉及的关税主要分为两大类，即传统关税措施和非关税措施。

传统关税措施通过直接对进口商品征收关税来提高其在市场上的价格，这一措施旨在保护国内产业或为政府创造收入。研究表明，对进口商品征收关税会导致进口商品价格上涨，消费者和进口商承担了关税的全额，这可能会减少消费者的实际收入并影响国内外经济福利。

例如，有学者对美国 2018 年加征关税进行研究发现，进口和报复性关税导致进口和出口大幅下降，目标进口商品的价格没有下降，这表明关税完全转嫁到了含税价格上。这导致美国消费者和购买进口商品的公司损失了 510 亿美元，约占美国当年 GDP 的 0.27%。考虑到关税收入和国内生产商收益，整体实际收入损失为 72 亿美元，约占美国当年 GDP 的 0.04%。

此外，关税的增加还会对国内生产产生影响。例如，2018 年美国加征关税后，美国制造业受到的影响包括提供国内产业保护、进口原材料成本提高和因报复性关税导致的海外市场竞争力削弱。通常来说，制造业部门更易受到关税增加的影响，进口保护的积极效应被上升的输入成本和报复性关税的更大负面效应所抵消。更高的关税还与生产者价格的相对增加相关，这是由于输入成本提高导致的。

非关税措施是一系列除关税外的贸易管制措施，包括进口配额、进口许可证、卫生和植物卫生（SPS）标准、技术性贸易壁垒（TBT）等。这些措施可以间接影响贸易流动，如影响进口商品的成本和价格、限制或促进特定商品的贸易量，以及影响国内外企业的竞争条件。

例如，技术性贸易壁垒及卫生和植物卫生措施允许国家对可能危害国内消费者健康、植物生命或环境的低质量产品施加进口限制，以提高贸易产品的质量，确保消费者安全和环境保护。研究表明，严格的 TBT 和 SPS 措施与贸易产品的高质量相关联，其中，TBT 的严格性对贸易产品质量的影响最大。

另外，现代贸易协定除了关税削减之外，还通过设定规则（如服务业市场准入和外国服务提供商的监管）来推进贸易自由化。这些非关税规定对国际货物和服务贸易的贡献也很大。

总的来说，非关税措施通过多种方式间接影响贸易流动，包括提高进口产品标准、保护消费者安全和环境，以及通过规则设定促进服务贸易和投资。这些措施的影响复杂多样，既可以促进也可能阻碍国际贸易，因此需要在具体情境下进行评估（表 3-1）。

表 3-1 传统关税措施和非关税措施异同

特征	传统关税措施	非关税措施
定义	对进口商品征收关税	除关税外的任何贸易限制措施
目的	增加国家收入、保护本国产业	保护消费者、环境、公共健康等
应用方式	以货物价值的百分比或固定金额征收	许可证、配额、标准和规则等
影响范围	主要在经济层面	可以包括经济、社会、政治等多方面
直接性	直接影响商品价格	可能产生间接或直接影响
透明度	相对透明，易于计算	缺乏透明度，难以量化
调整灵活性	相对固定，调整需经过复杂流程	较灵活，可根据需要调整

资料来源：作者整理。

（二）跨境贸易中关税的影响

关税及其非关税措施对国际贸易流动产生深远影响，不仅增加了跨境商品的成本，也为国际贸易环境增添了复杂性。为了更好地理解和应对这些影响，政策制定者和业界人士需要密切关注这些措施及其对全球贸易格局的潜在影响。

1. 关税对出口的影响。关税上升对国际贸易具有负面影响，导致名义出口减少，从而影响特定国家的外贸部门前景。

2. 贸易壁垒的转变。随着其他贸易自由化措施的持续，如增加准入承诺和降低关税，非关税壁垒和技术性贸易壁垒近年来显著增长，其对国际贸易的影响也在加深。这些类型的壁垒可能演变为国家试图保护其国内产业免受外国竞争的保护措施。

3. 非关税措施的重要性日益凸显。随着全球关税水平在近几十年达到历史低点，非关税措施在国际贸易议程中占据了中心地位。非关税措施可以被用作保护主义工具，可能会提高贸易成本、分散管理层注意力。

（三）税务管理措施

税务管理在跨境贸易中起着至关重要的作用，影响着国家的税收收入、经济繁荣以及贸易和投资流动。跨境贸易中的税务管理旨在保护国家税基、促进贸易便利化和防止税收逃避。这些措施包括但不限于以下几个方面。

1. 退出税（Exit Tax）。退出税是一种反避税措施，用于防止纳税人通过放弃国籍来逃税。一些国家和地区，如南非、加拿大和欧盟成员国，实施退出税以保护国家税基免受纳税人移民的影响。

2. 增值税（VAT）。对内部跨境交易实施的增值税，特别是在联邦国家如印度、阿根廷和俄罗斯，可以通过"补偿增值税"（CVAT）

机制来实现。这种机制允许在不同州之间的销售实行目的地原则的增值税，即销售给其他州的购买者将不收取州增值税，而是收取补偿增值税。

3. 边境调节税（Border Adjustment Tax）。边境调节税是一种单边措施，用于缓解气候变化问题。实施这种措施可能会面临世界贸易组织（WTO）框架下的法律问题，因为WTO旨在促进国际贸易自由化并避免贸易壁垒。

4. 跨境电子商务税收。随着跨境电子商务的快速发展，一些国家和地区已经开始实施特定的税务管理措施来应对这种新型贸易模式。例如，中国实施了针对跨境电子商务进口的税收措施，包括零售进口税收政策，旨在促进电子商务发展的同时保护国内市场。

5. 国际税收合作和信息交换。国家之间通过双边和多边税收协议加强合作和信息交换，可以防止税收逃避和避免双重征税，从而提高税收合规性和跨境交易的透明度。

6. 特殊贸易区和保税区政策。为了促进跨境贸易和投资，一些国家设立了特殊贸易区和保税区，提供税收优惠政策，以吸引外国直接投资和促进出口。

7. 海关税收和关税政策。海关税收和关税政策是跨境贸易中的关键税务管理措施，通过合理设定税率和分类，可以平衡增加国家收入和保护本国市场的需求。

（四）各国的税收管理措施

1. 中国。中国的税务管理措施包含了一系列复杂的制度和规定，用以确保税收的有效征收和管理。

（1）税收法律体系。中国的税收法律体系包括宪法、税收法律、行政法规、地方性法规、部门规章以及税务机关的规范性文件。这一体系形成了税务管理措施的法律基础和执行标准。

（2）电子税务管理。近年来，中国加大了电子税务管理系统的建设和应用，如电子发票系统、网上申报系统等，以提高税收征管效率和透明度。

案例：电子发票系统的推广使用，不仅简化了发票的开具和流转过程，还加强了对交易的监控，有效减少了偷税漏税行为。

（3）税收征管改革。中国税务部门持续推进税收征管改革，如实施增值税改革、合并国家和地方税务机构等，旨在简化税种结构，提高税收系统的效率。

案例：2018 年起，中国将国家税务总局和地方税务局合并为新的国家税务总局，以统一税收征收管理，减少行政成本，提高征税效率。

（4）反避税和国际合作。中国积极参与国际税收合作，如加入《国际税收合作公约》，推动《实施税收协定相关措施以防止税基侵蚀和利润转移的多边公约》落实实施等，以打击跨国避税行为。

案例：中国税务机关加强了对跨国公司的转移定价审查和税基侵蚀行为的监管，确保跨国企业在中国的经营活动公平纳税。

（5）税收优惠政策。为了支持特定行业和地区的发展，中国实施了一系列税收优惠政策，如高新技术企业的税收优惠、西部大开发的税收优惠等。

此外，为了加快跨境电商等新业态新模式的发展，2023 年 8 月财政部、海关总署、国家税务总局联合发布了《关于延续实施跨境电子商务出口退运商品税收政策的公告》。根据公告，从 2023 年 1 月 30 日到 2025 年 12 月 31 日，在特定的跨境电子商务海关监管代码下申报出口的商品，如果在出口后 6 个月内因滞销或退货原因原状退运进境（食品除外），将免征进口关税、进口环节增值税和消费税；已征收的出口关税将予以退还；已征收的增值税和消费税将按照内销货物发生退货的相关税收规定执行。

同时，为了支持中国国际服务贸易交易会的顺利举办，财政部、海关总署、国家税务总局也发布了通知，延续执行服贸会进口展品的税收政策，免征 2024—2025 年期间举办的服贸会展期内销售的一定数量或金额以内的进口展品的进口关税、进口环节增值税和消费税。不过，享受税收政策的展品不包括烟、酒、汽车、列入《进口不予免税的重大技术装备和产品目录》的商品、濒危动植物及其产品，以及国家禁止进口的商品。

（6）纳税服务和宣传教育。中国税务部门加强了纳税服务和宣传教育，提供税法咨询、纳税辅导等服务，通过多种渠道普及税收知识，提高纳税人的税收法律意识。

案例：税务部门通过举办税收宣传月、纳税人学校等活动，以及利用互联网、社交媒体等新媒体平台，加大税收法律法规的普及力度。

2. 美国。美国的税务管理措施由多个层面构成，旨在确保税收的公平征收和有效管理。

（1）电子税务系统。美国税务管理局（IRS）大力推广电子税务系统，如电子申报（e-Filing）和电子支付系统，以提高税收征收的效率和便利性。

案例：IRS 推出了"我的账户"（My Account）服务，允许纳税人在线查看税务信息、跟踪退税状态、进行电子支付等。

（2）税收信息匹配和数据分析。IRS 利用先进的数据分析技术，匹配和分析纳税人提交的信息，以识别潜在的税务欺诈和不一致情况。

案例：通过匹配纳税人的报税信息与雇主报告的工资数据，IRS 能够识别未报告收入的情况。

（3）税收合规倡议。为了提高纳税合规率，IRS 实施了多种倡议，如自愿披露计划和教育项目，帮助纳税人了解和遵守税法。

案例：IRS 的"海外自愿披露计划"（OVDP）旨在帮助拥有未申报外国资产的美国纳税人使其税务状况合法化。

（4）纳税人服务。IRS 提供多种纳税人服务，包括税务咨询、争议解决和倡导服务，以帮助纳税人解决与税收相关的问题。

案例：税务倡导服务（TAS）为纳税人提供免费的独立服务，帮助解决纳税人在与 IRS 打交道时遇到的问题。

（5）税务审计和执法。为确保纳税人遵守税收法律，IRS 进行税务审计，并对逃税行为采取执法措施。

案例：IRS 定期进行"国家研究计划"（NRP）审计，以评估纳税人的合规情况，并更新税收遵守模型。

（6）国际税收合作。美国积极参与国际税收合作，与其他国家共享信息，打击跨国税务规避和逃税行为。

案例：根据《海外账户税收合规法案》（FATCA），外国金融机构需要向 IRS 报告美国纳税人的账户信息。

3. 印度尼西亚。印度尼西亚的税务管理措施涵盖了多个方面，从电子系统的应用到税收合规性的提升，旨在提高税收征收的效率和公平性。

（1）电子税务系统。印度尼西亚税务局已经实施了多个电子系统来简化税务流程，包括电子报税（e-Filing）、电子发票（e-Faktur）等。

案例：印度尼西亚政府推广电子发票系统，要求所有增值税注册人使用电子发票来提高交易的透明度和减少税务欺诈行为。

（2）税收普查和合规性提升计划。为了提高纳税合规率，印度尼西亚政府执行了税收普查（Tax Amnesty）计划，允许纳税人申报未报告的资产和收入，以享受减免罚款的优惠。

案例：2016—2017年的税收普查计划成功鼓励了大量纳税人申报未报告的收入，显著增加了国家的税收收入。

（3）税收教育和宣传。印度尼西亚税务局在提升纳税人税务知识和纳税意识方面投入了大量资源，通过各种媒体和活动向公众提供税收教育和信息。

案例：通过在学校开展税收教育项目，印度尼西亚政府旨在从年轻一代开始培育税收合规文化。

（4）税务审计和执法。为了确保税收合规和打击逃税行为，印度尼西亚税务局加强了税务审计和监督，对可疑的税务申报进行审查。

案例：印度尼西亚税务局定期对高风险行业和个人进行税务审计，以确保正确申报和缴纳税款。

（5）国际合作。印度尼西亚与其他国家和国际机构合作，通过信息交换和税务合规标准的协调来打击跨境税务逃避和规避。

案例：印度尼西亚加入了全球税收信息自动交换标准（AEOI）和打击侵蚀税基和转移利润（BEPS）计划，以增强国际税收合作。

4. 越南。越南的税务管理措施包括一系列旨在提高税收征收效率、促进税收合规以及加强国内外税收合作的政策和实践。

（1）电子税务系统。越南税务部门推广电子税务系统，包括电子税务申报和电子支付，以简化税务流程，减少纸质文档的使用，提高效率。

案例：越南税务部门推出了在线税务服务系统（eTax），允许企业和个人在线提交税务文件、查询税务信息以及进行电子支付。

（2）税收政策改革。越南政府实施税收政策改革，旨在简化税种，合理化税率，增加税收制度的透明度和公平性。

案例：越南进行了增值税和企业所得税制度的改革，包括调整税率，扩大税基以及提供针对中小企业的税收优惠。

（3）税务合规倡议。越南税务部门通过提供税务合规指导和信息，以及开展税务合规倡议，鼓励纳税人遵守税法。

案例：越南税务部门定期举办纳税人教育活动，提供税法培训，增强纳税人的税收法律意识和合规能力。

（4）税收检查和审计。为确保税收合规并打击逃税行为，越南税务部门加强了对企业和个人的税收检查和审计。

案例：越南税务机关对一些大型企业和涉嫌逃税的个人进行了重点税务审计，揭露并处理了一系列税务违规案件。

（5）国际税务合作。越南加强了与其他国家和国际组织的税务合作，以应对跨境税务规避和逃税问题。

案例：越南与多个国家签署了《关于对所得避免双重征税和防止偷漏税的协定》，促进税收信息的透明度和交流。

对中国、美国、印度尼西亚、越南税收管理措施进行整理，异同点见表3-2。尽管各国在具体实施细节上有所差异，但都体现了现代化税务管理的共同趋势，即通过技术创新、政策改革、教育倡议、审计执法和国际合作来提升税收系统的效率、公平性和透明度。

表 3-2　中国、美国、印度尼西亚、越南税收管理措施异同

特征	中国	美国	印度尼西亚	越南
电子税务系统	推广电子发票、网上申报	推行电子申报（e-Filing）、电子支付	推广电子税务系统，如电子申报和电子支付	推出在线税务服务系统（eTax）
税收政策改革	实施增值税改革，合并国家和地方税务机构	无具体案例提及	实施税收普查和合规性提升计划	进行增值税和企业所得税制度的改革
税务合规倡议	提供纳税服务和宣传教育	实施自愿披露计划和教育项目	通过税收教育和宣传提高纳税合规率	提供税务合规指导和信息，开展教育活动
税务审计和执法	加强对跨国公司的转移定价审查	进行税务审计和对逃税行为采取执法措施	加强税务审计和监督，对可疑的税务申报进行审查	加强对企业和个人的税收检查和审计
国际税收合作	加入《国际税收合作公约》，实施BEPS行动计划	积极参与国际税收合作，打击跨国税务规避	与其他国家和国际机构合作打击跨境税务逃避	与其他国家签署避免双重征税和防止偷漏税协定，促进税收信息交流

资料来源：作者整理。

（五）跨境贸易中的税收管理

通过以下措施，各国税务机关能够有效管理跨境贸易中的税收问题，同时促进经济增长和国际贸易健康发展。

1. 关税和税收收入。海关管理在通过进出口税收促进国际贸易发展方面发挥着至关重要的作用。高效的海关系统和程序可以显著影响一个国家的经济竞争力。例如，莱索托作为南部非洲关税同盟（SACU）和世界贸易组织的成员，海关管理在政府的收入收集和贸易便利化方面具有重要作用。

2. 全球化和税收系统。全球化对发展中国家以及东南亚国家税收系统产生了深远影响。国际要素的流动性增加对税收效率和负担产生

了影响，促使国家在吸引外国直接投资（FDI）和专业技术人才方面进行税收竞争。此外，全球化对间接税收、国际贸易税收的影响，也引发了对税收制度的重新审视。

3. 腐败对税收收入的影响。腐败通过减少税收收入而对国家的税收能力产生负面影响。需要频繁与税务机关互动的税种，如国际贸易相关的税收，似乎比其他大多数类型的税收更容易受到腐败的影响。政府如果需要以最小化扭曲和最大化社会福利的方式增加税收收入，就应该实施改革，减少腐败，并从较不容易受到腐败影响的税种中增加收入。

总之，税务管理的好坏直接影响一个国家的税收收入和经济环境。高效的税务管理和海关程序对于促进健康的国际贸易环境至关重要，而腐败和不透明的税务实践可能会损害国家的财政健康和国际竞争力。因此，为了最大化税收收入并促进经济增长，国家需要致力于改善其税务管理系统，确保公平、透明和高效的税收征收和管理。

第四章
跨境电商企业
案例分析

在跨境电商领域，创新、速度与全球化已成为驱动行业发展的三大核心动力。Temu、TikTok、Shein 以及行云集团等佼佼者凭借其独特的商业模式、强大的市场洞察能力以及卓越的运营策略，成为行业内的标杆与引领者。

Temu，作为新兴跨境电商平台的代表，通过创新的社交拼团模式和高效的供应链管理，迅速在全球市场占据了一席之地，展示了快速响应市场变化、灵活调整策略的重要性。TikTok，则以其庞大的用户基础和强大的社交属性，为跨境电商企业提供了一个全新的品牌推广和流量获取渠道，证明了内容营销与社交媒体结合的无限潜力。Shein，作为快时尚电商的领军者，凭借其敏捷的供应链体系、实时的市场反馈机制以及全域营销战略，实现了从设计到生产再到销售的快速循环，满足了全球年轻消费者对时尚与速度的双重追求。行云集团，则通过构建全球化的数字供应链服务平台，为跨境电商企业提供了从渠道运营、分销管理到跨境物流的一站式解决方案，展现了供应链整合与优化在跨境电商领域的核心价值。

这些跨境电商企业不仅在各自领域内取得了突出成绩，更共同揭示了跨境电商企业在全球化背景下所面临的风险与挑战以及应具备的核心竞争力。

第一节　Temu：以数字驱动的全球化跨境电商公司

一、公司介绍与全球业务布局

（一）Temu 发展背景

Temu 的创立与全球化布局，可以追溯到拼多多创立之初，全球化拓展似乎一直在拼多多的战略布局之中。拼多多创始人黄峥在央视访谈节目《对话》中曾说道："如果我是张一鸣，我会更加激进地做全球化，因为我们这一代互联网创业者跟上一代相比，会比他们有更大的全球化视野，更早地接受国际资讯，全球化的机会也更大。"

2015 年，拼多多正式上线，在物流基础设施上依赖阿里菜鸟，流量方面借助腾讯微信，同时还引入了淘宝天猫放弃的低价白牌商品。拼多多沿着已被证明的路径，满足了数亿人的消费需求，并进行了大胆烧钱的营销策略。仅仅 6 年时间，拼多多就成了商品成交额达 2.4 万亿元的电商巨头。然而，创下上市速度纪录的拼多多，在 2021 年未能延续火箭般的增长速度，无论是新用户的增长还是单用户消费金额的提升，都明显出现了乏力。

"增长见顶"成了拼多多明确的担忧，这种迷茫不仅弥漫在拼多多内部，也弥漫在市场情绪中。出海成了各大电商平台寻求额外增长的一致选择。2020 年，拼多多在主营业务之外，开拓了多多买菜的业务，创始人黄峥指出，多多买菜是拼多多"炸开金字塔尖"的"试金石"

项目。但多多买菜后，拼多多一直没有开展让员工和市场振奋的新业务。或许是 TikTok 和 Shein 在海外的扩张成绩，让拼多多看到了时机，也给了拼多多决心。于是，一个在拼多多内部称作"X 项目"的跨境项目，于 2022 年 5 月份正式启动，数位主管奔赴欧美市场调研，了解当地仓储物流、供应链、用户消费习惯等情况。2022 年 6 月，拼多多内部曾就"全品类还是少品类"和物流模式是否全部外包进行讨论，最终确定下来做全品类跨境电商。

（二）Temu 发展历程

2022 年 9 月 1 日，拼多多跨境电商平台正式在海外上线，首站面向北美市场，该平台被命名为 Temu，苹果应用商店应用详情页显示意为"Team Up，Price Down"，代表着 Temu 致力于提供最实惠的优质产品，使消费者和合作伙伴能够在包容的环境中实现他们的梦想。Temu 上线仅一周，便冲进了美国购物应用的第 14 名。9 月 17 日，Temu 位列 Google Play 应用商店的购物类应用单日下载量第一名。10 月 18 日，Temu 超越 Amazon Shopping 登顶美国应用商店免费购物应用榜单第一位。

2023 年 4 月 21 日，继美国、加拿大、新西兰和澳大利亚之后，Temu 在英国正式上线。2023 年 7 月 21 日，Temu 宣布计划在美国市场向本土卖家开放入驻。2023 年 9 月，Temu 正式进入东南亚地区，菲律宾站、马来西亚站、泰国站、越南站、新加坡站相继上线。

通过 data.ai 对全球应用排名数据的分析，可以看到 Temu 在 2023 年四季度的全球应用软件免费下载量排名第七位，全球购物商城免费软件下载量排名第一位。Temu 当前还在继续向全球化的方向迈进。

（三）业务布局

截至 2024 年 1 月初，Temu 已在 48 个国家和地区开设站点，覆盖北美、欧洲、东南亚、中东、非洲、东亚等地区。从地域分布来看，目前 Temu 仍以北美为主要市场，但占比正逐月下降，新兴市场占比持续提升。

Temu 选择将美国作为进军海外市场的首选地。Temu 通过对当前全球电商市场进行充分调研，结合消费大环境以及自身业务扩张战略，对比欧美市场与东南亚市场等，最终选择靠低价战略以美国为切入点打开市场。在站稳脚跟后，2023 年 2 月 24 日，Temu 加拿大站正式上线，3 月 13 日进入澳大利亚、新西兰两国市场，4 月 21 日上线了英国站，正式登陆欧洲市场。就这样，Temu 通过先在美国市场站稳脚跟，随后拓展到加拿大、澳大利亚，接着进入英国、德国、意大利、法国、西班牙、荷兰、奥地利、墨西哥等市场。

Temu 的扩张路径在前期相对艰难，但一旦成功攻克核心成熟市场，便能够从高处出发，逐层深入，步步为营。

在欧美市场取得初步成果后，Temu 没有停下脚步，继续将目光锁定亚洲市场，2023 年 7 月 1 日 Temu 选择将日本作为其在亚洲上线的第一个站点，7 月 24 日 Temu 再次扩大亚洲市场版图，上线了韩国站点。

2023 年 8 月 27 日 Temu 宣布正式进军东南亚市场。在东南亚市场的广阔机遇背后，其同时也面临极为艰难的挑战，Temu 需要同时面对东南亚电商三巨头 Shopee、Lazada 和 TikTok。Temu 第一站选择了菲律宾，继续坚持其低价策略，推出了大额优惠券满减活动、免运费包邮等服务，快速积累用户后于 9 月迅速完成在马来西亚、泰国、越南、新加坡站点的扩张（图 4-1）。截至 2023 年 9 月，全球范围内有 1.2 亿人在使用 Temu。

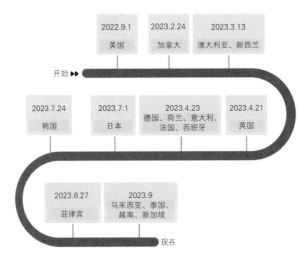

图 4-1　Temu 站点上线时间

资料来源：作者根据公开资料整理。

二、全托管模式下的跨境电商业务

（一）全托管模式介绍

Temu 迅猛扩张的背后，离不开它的全托管模式。Temu 的全托管模式是一种卖家供货、平台卖货的运营方式。在这种模式下，卖家只需专注于商品的生产，将商品照片、尺码信息上传至平台，并将货物送到 Temu 指定的国内仓，随后的店铺运营、产品销售、定价、引流、仓储、跨境物流、售后等运营解决方案都由平台全权负责。

全托管模式的逻辑是"工厂—平台—买家"的运营方式，简化了传统跨境电商中卖家与平台之间的复杂环节。这种模式下，Temu 平台上的商家主要采用供应商管理库存模式（Vendor Managed Inventory，VMI）和准时制生产模式（Just In Time，JIT）。

VMI 模式是一种"先备货后上架销售"的备货模式。卖家在这种模式下需要向 Temu 申请备货，获得仓位后将货物送往 Temu 的仓库，由平台负责仓储并按订单处理发货。在 VMI 模式下，卖家只需承担一半的到仓运费，降低了物流风险，但可能面临因仓库备货不及时导致售卖链接下架的风险。

JIT 模式是一种"先出单后发货"的预售模式。卖家无须在 Temu 的仓库备货，只需通过审核后在平台预售商品。在这种模式下，卖家需要自行将货物送至 Temu 的国内仓库，具有不用备现货的优势，但对时效性要求较高，若未达到平台发货时效要求，可能面临一定的罚款。

Temu 的全托管模式去除了传统电商链条中的中间商环节，并将营销、销售、物流等进一步聚合，压缩了成本，进而获得更低的价格优势。由于平台提供了一站式的解决方案，厂家直接成为卖家，并且无须自己管理店铺，大大降低了运营成本和时间成本，同时拓宽了客户和订单渠道，有利于中国卖家低门槛进入跨境电商领域。

（二）全托管模式的业务发展

拼多多深耕国内下沉市场，在供应链、算法、运营等方面已经建立起独特优势，这些优势有助于 Temu 在海外的发展。

1. Temu 数字化平台下的供应商协同管理系统。Temu 数字化平台下的供应商协同管理系统是一个高度集成的网络平台，旨在优化供应链各环节之间的沟通和协作。该系统通过提供一个共享的信息环境，使 Temu 能够与其供应商实时互动，从而提高整个供应链的透明度和效率。

该系统的核心功能包括实时订单管理，供应商可以即时接收到 Temu 的订单需求，并根据实时数据调整生产计划。系统还支持电子数据交换（EDI），确保订单信息、发货通知以及发票等文档的无缝传输，减少了手动处理的错误和延迟。

进一步地，系统内置了性能监控工具，这些工具能够追踪供应商的交付准时率、质量控制指标和响应时间等关键性能指标。通过这些数据，Temu 能够评估和管理供应商的表现，确保供应链的稳定性和可靠性。

供应商协同管理系统还包括一个协作门户，供应商可以通过这个门户访问到共享的生产计划、库存水平、预测数据和市场需求变化等信息。这促进了供应商之间的协同工作，使得整个供应链能够更灵活地响应市场的变化。

此外，系统提供了先进的分析工具，帮助 Temu 和供应商一起识别供应链中的潜在风险和改进机会，从而优化整体供应链策略。

总而言之，Temu 的供应商协同管理系统通过实现信息共享、流程自动化和性能监控，加强了与供应商的合作关系，提升了供应链的响应速度和运营效率。

2. Temu 的数字化营销推广。Temu 是一个涉足全球市场的电子商务平台，其数字化营销推广策略是其业务成功的关键要素之一。通过利用多样化的数字化工具和渠道，Temu 能够精准地触达目标消费者，提升品牌知名度，并驱动销售增长。

首先，在 Temu 的数字化营销推广策略中，社交媒体营销发挥着至关重要的作用。Temu 在各大社交平台如 Meta（原 Facebook）、Instagram、X（原 Twitter）和 Pinterest 上均有活跃的官方账户。通过定期发布有关新品上市、促销活动和独家优惠等内容，Temu 能够与消费者建立持久的关系，并促进品牌口碑的传播。此外，Temu 还与网络红人和意见领袖合作，通过他们的推荐来吸引潜在客户。

其次，Temu 在搜索引擎营销（SEM）上也下了大力气。通过对关键词的精准投放和优化，Temu 确保其网站在搜索引擎结果页（SERP）中获得较高的排名。同时，通过搜索引擎优化（SEO）提高网站内容的相关性和权威性，从而吸引更多的有效流量。

在内容营销方面，Temu 制作了丰富多样的内容，包括博客文章、视频、教程和用户故事等。这些内容不仅提供了产品信息，还提供了与 Temu 品牌相关的生活方式和使用场景，增强了消费者的品牌体验。Temu 注重在特殊营销节点通过创意性的营销内容宣传品牌，2023 年 2 月 Temu 第一次在"超级碗"亮相，两条 30 秒广告耗费了超 1400 万美元（约 9550 万元人民币）。"Shop like a billionaire（像亿万富翁一样购物）"的广告语让 2.08 亿美国"超级碗"观众记住了 Temu 这个来自中国的年轻品牌。美国"超级碗"素有"美国春晚"之称，是美国收视率最高的电视节目之一，具有极高的商业价值，被誉为"全美广告界最重要的一天"。Sensor Tower 数据显示，"超级碗"节目播出当晚，Temu 的下载量激增了 45%，日活跃用户增长了 20%。Temu 一跃成为美国家喻户晓的应用软件，其低价策略更是直击美国用户的消费需求。

电子邮件营销也是 Temu 数字化营销的一个重要组成部分。通过分析消费者的购物习惯和偏好，Temu 发送个性化的电子邮件，包括专属优惠、新品预告和其他定制内容，以此来提高顾客的忠诚度和复购率。

此外，Temu 还运用大数据和人工智能技术来优化其营销策略。通过收集和分析用户行为数据，Temu 能够更好地了解其客户群体，从而进行精准的市场细分和目标广告投放。这种数据驱动的方法帮助 Temu 在恰当的时间、地点和环境中向目标受众展示最相关的广告。Temu 首页采取瀑布流商品加载方式，可以根据用户画像，采取"推荐算法 + 商品流"的形式，加载出用户可能喜欢的商品。商品推荐的排序逻辑按照低价优先、销量优先、用户喜好的逻辑综合排序。

Temu 还注重多渠道整合营销，确保不同的数字化营销渠道之间有着一致的品牌信息和用户体验。无论是在移动应用、社交媒体还是电子邮件中，Temu 都保持了统一的品牌风格和营销信息，这有助于增强品牌识别度和消费者的信任感。

Temu 的数字化营销推广策略通过社交媒体、搜索引擎、内容营销、电子邮件、大数据分析和多渠道整合，形成了一个全方位、多维度的营销网络，有效地提升了品牌的市场竞争力和客户参与度。

3. Temu 的数字化仓库管理系统。Temu 主要通过其数字化仓库管理系统（DWMS）实现了库存管理的高效运作。这个系统是 Temu 供应链管理的核心，它利用先进的信息技术，实现了对商品流动和存储过程的精确控制。

首先，Temu 的 DWMS 采用了实时库存跟踪技术。通过使用条形码、RFID 标签和扫描设备，系统能够实时更新库存水平，确保库存数据的准确性。这使得 Temu 能够快速响应库存变化，优化库存水平，减少过剩或缺货的情况。

其次，系统内嵌了智能仓库布局规划工具，它根据商品的销售频率和季节性变化，动态调整货物的存放位置。这种基于数据的布局优化，不仅提高了仓库空间的使用效率，还缩短了拣选路径，提升了作业效率。

此外，DWMS 集成了高级分析和预测工具，这些工具能够根据历史数据和市场趋势预测未来的库存需求。这种预测能力使得 Temu 能够提前调整采购计划和库存水平，从而更好地应对销售波动。

在订单处理方面，DWMS 提供了自动化的订单履行流程。从订单接收到商品拣选、打包、发货，每一个步骤都通过系统进行监控和优化。自动化的流程不仅提高了处理速度，也减少了人为错误，提升了顾客满意度。

安全性和合规性也是 DWMS 的重要组成部分。系统确保所有的仓库操作都符合行业标准和法规要求。此外，通过对员工的行为监控和访问控制，系统能够防止货物损失和盗窃，保障库存安全。

最后，Temu 的 DWMS 还提供了用户友好的界面和报告功能。仓库管理人员可以通过定制的仪表板轻松监控关键性能指标，并生成对应的报告，这些报告帮助管理层做出更明智的决策。

总的来说，Temu 的 DWMS 通过集成实时跟踪、智能布局、预测分析、自动化履行、安全监控和用户友好的报告功能，极大地提高了仓库运营的效率和精确性，为 Temu 的跨境电商物流提供了坚实的保障。

4. Temu 的数字化供应链建设。Temu 的数字化供应链建设是该公司战略规划的重中之重，旨在通过高度自动化和智能化的技术，实现对供应商的管理，包括供应商选择、采购订单管理、供应商绩效评估等，提升供应链的效率、透明度和灵活性。

第一，Temu 使用了先进的供应链管理系统（SCMS），该系统集成了企业资源规划（ERP）、物料需求计划（MRP）、客户关系管理（CRM）等多个模块。这些模块协同工作，实现了从原材料采购到成品交付整个流程的自动化管理，确保信息流与物流同步，减少人为错误，提高响应速度。

第二，Temu 采用物联网（IoT）技术来实现实时的库存跟踪和管理。通过在仓库内部署传感器和智能设备，Temu 能够实时监控库存水平，自动触发补货或调整库存指令。同时，IoT 技术也被应用于运输管理中，通过 GPS 追踪和温度监控等功能，确保货物在运输过程中的安全和完整。数字化供应链系统可追踪库存情况，包括实时库存数据、库存周转率、安全库存等，以确保供应链的供需平衡和减少库存积压。

第三，Temu 利用大数据和人工智能技术优化供应链决策。通过分析历史数据、市场趋势和消费者行为，Temu 能够预测未来的需求波动，从而提前调整生产计划和库存策略。人工智能算法还被用于优化运输路线，减少运输成本和时间。

第四，为了提高供应链的可持续性，Temu 还注重对环境友好的供应链实践，包括选择环保材料、优化包装以及实施能效管理等。数字化技术在这一方面发挥了关键作用，帮助 Temu 监控和管理供应链的环境影响。

第五，Temu 正不断探索和实施新的技术，以进一步增强供应链的安全性和透明度。例如区块链技术能够为供应链的每个环节提供不可篡改的记录，增强了可追溯性，并有助于防止欺诈和假冒产品。数字化供应链系统可以对供应链的风险进行识别和管理，包括原材料供应风险、交付风险等，以减少潜在风险对供应链可能造成的影响。

综上所述，Temu 的数字化供应链系统通过集成管理系统、物联网、大数据和人工智能、供应商协作平台以及可持续性实践，不仅提高了运营效率和优化了成本控制，还提升了客户满意度和企业的社会责任感。随着技术的不断进步，Temu 的数字化供应链系统将继续演进，以适应不断变化的市场和业务需求。

5. 潜在风险及未来布局。Temu 作为一家新兴的跨境电商平台，尽管发展迅速，但仍面临着一系列潜在风险。首先，在全球化的背景下，供应链的复杂性增加了运营风险。物流延误、关税政策变化、国际贸易紧张局势都可能影响 Temu 的供应链效率。其次，数据安全和隐私保护日益成为关注焦点，随着用户数据量的增加，Temu 需要确保其数据保护机制足够健全，以防止数据泄露和滥用。最后，随着市场竞争的加剧，Temu需要不断创新以维持其市场份额，这包括产品多样化、用户体验优化以及营销策略更新等。

针对未来布局，Temu可能会采取多种策略来应对上述挑战。在供应链管理方面，Temu可能会进一步提升其供应链流程的数字化水平，使用先进的分析预测工具来降低供应链中断的风险，并探索多元化的供应源以提高灵活性。数据安全方面，Temu将加大投资于加密技术和数据安全框架，确保客户信息的安全。另外，为了保持竞争力，Temu可能会加大研发投入，推出创新产品和服务，同时加强与消费者的互动，提升个性化营销能力，以更好地满足消费者需求。通过这些策略，Temu旨在构建一个更加稳健、安全且以客户为中心的电商生态系统。

第二节　TikTok：利用新兴数字技术成就平台经济

一、平台介绍和全球业务布局

TikTok，原名Douyin（中国称抖音），是由中国科技公司字节跳动（ByteDance）开发的一款社交媒体应用，专注于短视频分享。自2016年推出以来，TikTok迅速在全球范围内建立了巨大的用户基础，特别是在年轻人群中。这个平台允许用户创作、编辑、发布及分享15秒到3分钟的短视频，内容涵盖舞蹈、喜剧、教育、生活等众多领域。TikTok电商领域主要通过其平台内集成的购物功能服务多个国家和地区。

TikTok 的电商解决方案允许商家在全球范围内推广和销售产品，目前已覆盖北美、欧洲、东南亚、中东地区。TikTok 站点分布随着其全球扩张而不断增加，以满足不同市场的需求。当前具体的站点分布有印度尼西亚、英国、马来西亚、越南、泰国、新加坡、菲律宾、沙特阿拉伯；2024 年西班牙和巴西市场计划被优先开拓，TikTok 的电商版图仍在不断扩张中。

在 2023 年 TikTok 电商数据中，东南亚市场大多呈现增长态势，其中泰国、越南、马来西亚的销售额增长幅度明显，且下半年增速明显快于上半年。欧美市场方面，英国市场全年增长缓慢，目前英国站的实际经营环境令不少从业者担忧，但 2023 年开辟美国站成为 TikTok 电商业务增长的新领域。

（一）电商业务模式介绍

TikTok 作为一个全球性的短视频平台，其电商业务正在快速发展中，采取了多种模式以适应不同市场和商家的需求。

1. 本土店（Local Seller）。TikTok 的本土店模式允许本地商家在平台上直接销售商品。商家可以利用 TikTok 的强大流量和用户黏性，在本地市场推广产品，同时借助 TikTok 的算法实现精准营销。本土店模式下，商家通常需要自己处理物流和客户服务。

2. 跨境店（Cross-border Seller）。TikTok 的跨境店模式是为那些希望将产品销售到其他国家的商家设计的。在这个模式下，商家可以通过 TikTok 平台接触到全球的消费者，利用 TikTok 的国际化优势开展跨境交易。跨境店要求商家具备一定的国际物流能力，并且需要遵守目标市场的规则和法规。

3. TikTok 全托管模式（Fulfillment by TikTok）。在 2023 年之前，TikTok 推出了多种电商解决方案，但"全托管的 OBM 模式"并不是一个被广泛认知的术语。全托管模式是 TikTok 电商业务的一种创新模式，类似于亚马逊和 Temu 的全托管模式，当前站点已成功开拓英国、美国和沙特阿拉伯市场。OBM 指的是原始品牌制造商（Original Brand Manufacturer），即一个公司设计和制造自己的产品，并且拥有自己的品牌和知识产权。在电商领域，OBM 模式意味着公司不仅负责产品的制造，还要管理品牌的营销、销售和客户服务等。如果将"全托管"的概念应用于 TikTok 的 OBM 模式，意味着 TikTok 为品牌提供一站式服务，包括但不限于产品推广、内容创作、用户互动、订单处理、物流支持、数据分析和客户服务等。在这种模式下，TikTok 为品牌商提供全面的支持，以便品牌商能够专注于产品开发和品牌建设，而将销售和市场推广等工作委托给 TikTok 平台来管理。

这种模式对于那些希望利用社交媒体平台进入电子商务领域但缺乏相关经验或资源的品牌商来说，是一个具有吸引力的选项。它允许品牌利用 TikTok 庞大的用户基础和高度参与的社交环境，同时降低了管理复杂电商运营的难度。然而，需要注意的是，这种模式可能会涉及品牌商与 TikTok 之间更深层次的合作关系和收益分成模式。品牌商需要与 TikTok 共享更多的数据和利润，同时会对平台的规则和算法变化更为敏感。

4. 未来发展。未来 Tiktok 将会更加注重技术与个性化，并推动社区与直播电商进一步融合，促进平台多种电商模式并行发展。社区功能的增强和直播电商的兴起将是 TikTok 站点发展的重要方向。通过打造更加紧密的社区关系和提升直播功能，TikTok 可以帮助商家建立忠实的粉丝群体，从而增加用户黏性和提高购买转化率。

随着全球电子商务的不断发展，TikTok 将继续优化其跨境电商模式，可能会增加更多的本土化服务，如本地支付、本地语言客服等，以更好地服务全球用户。

另外，考虑到物流对于电商的重要性，TikTok 可能会扩展其全托管服务，增加更多的仓库和物流中心，以提供更快捷的物流和更优质的服务。同时，TikTok 也可能会推出更多的增值服务，如产品摄影、广告投放等，帮助商家提高销售额。未来，TikTok 的业务布局和发展将继续以用户体验为中心，通过不断创新和优化服务，满足不同商家和消费者的需求，从而在激烈的全球电商竞争中占据一席之地。

（二）业务布局

TikTok 的业务布局聚焦于算法推荐引擎，这个引擎能够根据用户的互动和观看习惯个性化推荐内容，从而提高用户黏性和平台活跃度。此外，TikTok 还积极开拓电商领域，通过直播带货、短视频购物等方式，实现内容与电商的融合，为品牌商和创作者提供了变现的途径。同时，它也在广告业务上不断探索，为企业提供精准的广告投放解决方案，包括品牌挑战赛、定制化滤镜和效果广告等。

安全性和内容监管也是 TikTok 业务布局中的重要方面。面对全球不同国家和地区的法规要求，TikTok 投入大量资源以确保平台内容的合规性，并保护用户隐私。

未来，TikTok 有望继续扩大其在全球娱乐和社交媒体市场的影响力，同时也在探索更多的增值服务，如游戏、音乐流媒体和虚拟现实等，以进一步增强用户体验，拓宽收入来源。

二、短视频、直播技术对 TikTok 平台的推动作用

短视频和直播技术对 TikTok 平台的推动作用不容小觑，它们是TikTok 成功的核心驱动力之一。

（一）短视频技术的推动作用

用户参与度提升。TikTok 的短视频格式非常适合移动互联网时代用户的消费习惯。它们通常在 15 秒到 1 分钟之间，这种快速、高浓度的内容形式极大地吸引了用户的注意力，提高了用户的参与度。

内容创作的简化。TikTok 的短视频技术降低了内容创作的门槛。集成的视频编辑工具、音乐库和特效使得用户可以轻松制作出具有吸引力的内容，这激励了更多用户成为内容创作者。

算法推荐的优化。TikTok 的强大算法根据用户的互动行为快速学习其偏好，并推荐个性化的短视频内容。这种技术确保了用户能够不断发现新的相关内容，从而保持平台的活跃度和黏性。

实时反馈和互动。短视频技术使得用户之间的互动变得即时和有趣。点赞、评论和分享功能让用户能够实时反馈，不仅增强了用户体验，也促进了社区的建设。

（二）直播技术的推动作用

实时互动增强用户黏性。直播技术为 TikTok 平台带来了实时互动的可能性。观众可以在直播中与主播实时互动，通过发送弹幕、赠予礼物等方式参与直播，这种互动性极大地增强了用户黏性。

商业化机会的拓展。直播技术为 TikTok 带来了新的商业化渠道。通过直播带货，主播可以实时展示商品并与观众互动，观众可以直接在直播中购买商品，这种模式已经成为电商和内容创作者的重要收入来源。

内容多样性的增加。直播技术让 TikTok 的内容更加多元化。除了传统的短视频，用户还可以观看各种直播内容，如音乐表演、教育讲座、日常生活分享等，满足了不同用户的需求。

品牌营销的新场景。直播技术为品牌商提供了新的营销场景。品牌商可以通过直播与潜在客户建立更直接的联系，通过产品展示、答疑等形式提升品牌认知度和用户忠诚度。

（三）综合影响

短视频和直播技术的结合为 TikTok 打造了一个高度互动、极富吸引力的社交娱乐平台。用户不仅可以消费内容，还可以通过简单的操作参与内容创作，甚至通过直播实现实时互动和电商交易。这种全方位的参与感是 TikTok 用户留存的关键。

TikTok 的算法进一步放大了短视频和直播技术的影响力。通过精准的内容推荐，平台能够持续提供个性化的用户体验，使用户在海量内容中迅速找到自己感兴趣的视频，这种体验是用户留在 TikTok 平台的重要原因。

此外，短视频和直播技术的结合还推动了 TikTok 的全球化进程。不同文化背景的用户可以在这个平台上分享自己的故事，促进了跨文化交流，增强了平台的多样性和包容性。

总而言之，短视频和直播技术是 TikTok 成功的双引擎，不仅极大地丰富了用户的体验，提高了用户的参与度和平台的黏性，而且为内容创作者和品牌商提供了新的商业机会，推动了 TikTok 的快速增长和全球扩张。随着技术的不断进步和用户需求的不断演变，短视频和直播技术将继续在 TikTok 平台的发展中发挥关键作用。

三、TikTok 平台的电商生态

（一）电商生态

目前，TikTok 已经从一个单一的短视频分享平台转型为一个全面的社交媒体巨头，其电商生态在全球范围内快速扩张。TikTok 电商的崛起是由几个关键因素推动的。首先，平台的巨大用户基础和高参与度为品牌商提供了一个吸引潜在顾客的理想场所。其次，TikTok 的算法优化了用户体验，确保了内容创作者与其目标观众之间的高度匹配。最后，随着疫情期间在线购物的激增，TikTok 迅速适应了市场需求，推出了一系列电商功能，如直播购物、产品链接和电商广告。

1. TikTok 电商生态的组成。TikTok 的电商生态由多个部分构成，包括内容创作者、品牌商、广告商、电商平台合作伙伴及消费者。

内容创作者。他们是 TikTok 电商生态的核心，通过创造引人入胜的内容来吸引和影响观众。许多内容创作者与品牌商合作，进行产品推广，并通过直播或短视频销售产品。

品牌商。从小型初创企业到全球知名品牌，各类商家都在 TikTok 上寻找机会来推广其产品和服务。品牌商通常通过合作伙伴关系、付费广告和自主运营的官方账号进行营销。

广告商。广告商在 TikTok 上投放广告，利用平台的定向广告系统来吸引潜在客户。TikTok 的广告平台允许精准的受众定位，帮助品牌商提高其广告转化率。

电商平台合作伙伴。TikTok 与多个电商平台（如 Shopify）建立合作关系，使品牌商能够无缝地将其产品目录集成到 TikTok 平台中。

消费者。最终用户在 TikTok 上的互动行为不仅限于观看和分享内容，还包括通过平台上的各种购物功能购买产品。

2. TikTok 电商的关键功能。TikTok 电商生态的成功在一定程度上归功于其创新的功能，这些功能促进了购物体验和用户参与度。

直播购物。直播购物功能允许内容创作者实时展示和销售产品，观众可以直接在直播中购买商品。

产品链接。内容创作者可以在视频中添加产品链接，直接引导观众前往购买页面。

小店功能。商家可以在 TikTok 上开设自己的小店，管理商品展示、订单处理和客户服务。

挑战赛和话题标签。通过参与挑战赛和使用流行的话题标签，品牌能够增加曝光度并推动销售。

个性化推荐。基于用户的行为和偏好，TikTok 的算法会推荐相关产品，从而提高转化率。

3. 电商策略与未来展望。TikTok 的电商策略侧重于将娱乐和购物体验无缝结合，创造所谓的"社交购物"模式。品牌商和内容创作者通过创造有趣、有吸引力的内容来提高用户参与度，并最终促进销售。然而，TikTok 电商生态也面临挑战。平台必须确保维护用户体验的同时，避免过度商业化。此外，数据安全和隐私问题也是用户和监管机构关注的焦点。

随着 TikTok 继续扩大其电商功能并进一步整合增强现实、人工智能等技术，其电商生态有望进一步成熟。平台可能会推出更多定制化购物体验，如虚拟试衣间和个性化推荐系统。同时，TikTok 也可能会探索跨境电商，为品牌商和消费者提供更多的机会。

（二）用户生态

TikTok 用户生态多样，覆盖各个年龄层，以年轻人为主。用户可以轻松创作、编辑和分享短视频，平台的算法推荐系统确保内容与用户的兴趣高度匹配。TikTok 鼓励用户通过挑战赛、话题标签和特效音乐等功能参与互动，形成了强大的社区氛围。内容创作者和观众之间的互动频繁，用户之间的共鸣和模仿效应促进了流行趋势和亚文化的形成。此外，TikTok 也在逐步融入商业元素，为品牌商和创作者提供了变现的机会，进一步丰富了用户生态。

1. 用户规模。根据 Market Splash 数据，截至 2023 年底，TikTok 拥有 16.77 亿用户，其中月活跃用户数达 11 亿。TikTok 在美国拥有超过 1.5 亿用户，是全球 TikTok 用户最多的国家；印度尼西亚以 1.13 亿用户位居第二位。

2023 年 TikTok 全球总下载用户数稳固增长，全球用户下载高峰集中于 5 月，8 月再次迎来下载高峰，各月下载量级仍存在一定波动，但单月平均下载量均高于 5000 万。纵观全球市场，尽管 TikTok 遭遇西方国家轮番"围堵"，但目前美国首个 TikTok 州禁令已被叫停，即便站在风口浪尖也难挡其扩张趋势。随着用户消费习惯变迁以及对短视频生态青睐度增加，TikTok 正将用户价值转变为财富价值。

2. 用户画像。TikTok 形成全球化文化现象，北美、南美、东南亚成为"用户聚集地"。TikTok 作为一个全球性社交媒体平台，全球用户占比超 5% 的国家有 3 个，分别为美国、印度尼西亚和巴西。对跨境卖家来说，用户源的丰富提供了全球推广、全球销售的机会。由于不同地域的用户习惯、消费观念、社交特点等存在差异，卖家营销策略需要更具地域特色。

在用户结构上，TikTok 的 18～25 岁用户占比略高于其他社交应用，呈现高度"年轻化"，且女性占比略高，其中 18～23 岁女性用户占比为 20.1%，男性占比为 14.7%。其 Z 世代市场是许多品牌商日趋关注的焦点领域。

3. 用户行为。TikTok 用户具有高时长、高黏性等特点，用户使用时长远超其他主流社交媒体。

在使用时长方面，2023 年 TikTok 用户平均使用时长超过 90 分钟，成为首个日均使用时长超过 90 分钟的社交媒体应用，量级明显高于其他平台，且仍有上升趋势。

在用户黏性方面，目前 TikTok 的用户黏性与 YouTube 相当，达到 60% 以上。短视频较中视频、长视频用户黏性更高，仅次于社交媒体，TikTok 用户黏性有望进一步提升。

（三）广告生态

TikTok 目前的广告生态可谓多元化和创新性十足。作为全球最受欢迎的社交媒体平台之一，TikTok 的广告生态涵盖了多种类型的广告形式，以满足不同广告商的需求，并为用户提供更具吸引力的内容。

品牌合作和推广。TikTok 与众多品牌商合作，通过品牌挑战赛、合作视频等形式，将品牌内容与用户创意内容结合，为品牌商提供更生动有趣的宣传方式。这种形式的广告能够更好地吸引用户的注意力，增加品牌曝光度。

原生广告。TikTok 提供原生广告形式，将广告内容融入用户的视频流中，以更具吸引力的方式展现给用户。这种广告形式能够更好地融入用户的浏览体验，提高用户对广告的关注度。

品牌挑战赛。TikTok 通过举办品牌挑战赛活动，邀请用户参与创作品牌相关的内容，从而有效地提高品牌曝光率和用户参与度。

创意工具和广告平台。TikTok 提供丰富多样的创意工具和广告平台，帮助广告商创作和投放更具创意和吸引力的广告内容，包括滤镜、特效、音乐等，丰富了广告的形式和内容。

数据驱动的广告投放。TikTok 通过大数据分析和用户行为数据，为广告商提供精准的广告投放服务，帮助广告商更好地定位目标用户群体，提高广告投放效果。

总的来说，TikTok 的广告生态以创新性和多样性为特点，为品牌商和广告商提供了丰富的广告形式和工具，同时也为用户带来更具吸引力和创意的内容体验。通过与用户创意内容的结合和数据驱动的广告投放，

TikTok 的广告生态为品牌推广和营销活动提供了更多的可能性和机会。

（四）内容创作者生态

TikTok 目前的内容创作者生态非常活跃，平台为创作者提供了丰富的工具和资源，鼓励他们创作更具创意和吸引力的内容。通过激励机制、支持计划和创意挑战等举措，TikTok 不断推动内容创作者生态的发展和壮大。

创作者基地和支持计划。TikTok 建立了创作者基地，为优秀的内容创作者提供支持和培训，帮助他们提升内容创作技能和影响力。此外，TikTok 还推出了各种支持计划，包括激励计划、奖励计划等，鼓励创作者持续创作优质内容。

创意工具和资源。TikTok 提供了丰富多样的创意工具和资源，如特效、滤镜、音乐库等，帮助创作者制作更具吸引力和创意的视频内容。这些工具和资源丰富了内容的形式和表现方式，激发了创作者的灵感。

社区互动和支持。TikTok 鼓励创作者之间的互动和支持，推动创作者社区的共建和共享。平台提供了丰富的社交功能，如评论、点赞、分享等，促进了创作者之间的交流和合作。

激励机制和奖励计划。TikTok 通过激励机制和奖励计划，对优秀的内容创作者进行奖励和认可，包括金币奖励、流量支持等，鼓励创作者持续输出优质内容。

创意挑战和活动。TikTok 举办各种创意挑战和活动，邀请创作者参与，激发创作者的创作灵感，同时也为他们提供了展示和推广的机会。

（五）短视频与直播带货生态

TikTok 的短视频与直播带货生态非常活跃，为用户和品牌商提供了丰富的互动和购物功能，促进了短视频内容与电商的结合，为用户提供了更便捷、生动的购物体验，同时也为品牌商和电商带来了更多的销售机会。

短视频带货。TikTok 上的内容创作者可以通过短视频展示产品、分享购物心得，甚至进行产品试用和评测，从而带动用户的购买欲望。这种形式的短视频带货为品牌商和电商提供了直接的曝光和推广渠道，同时也为用户提供了更真实、生动的购物参考。

直播带货。TikTok 提供了直播带货功能，允许内容创作者在直播中展示产品、与观众互动，并提供专属的购物链接，促进实时的产品销售。直播带货通过直观的展示和即时的互动，提高了用户对产品的信任度和购买意愿。

互动式购物功能。TikTok 提供了互动式的购物功能，允许用户在观看视频的同时，直接点击视频中的商品链接进行购买。这种形式的互动购物为用户提供了更便捷的购物体验，同时也为品牌商和电商带来了更多的销售机会。

第三节　Shein：快速成长的跨境电商快时尚龙头

一、公司介绍与发展历程

2008 年，许仰天在南京创立了 Shein 的前身 SheInside，一家主营销售婚纱品类的跨境电商企业。许仰天创业前曾在网络营销公司做品牌和搜索引擎优化工作，这样的经历使得他对用户数据十分敏感，也更注重对用户数据的收集、分析和使用。SheInside 当时的品类布局和中国早期的跨境电商一样，比如兰亭集势、大龙网、DX、米兰、TinyDeal 等第一批 B2C 跨境电商。由于婚纱礼服产品线是毛利率极高的品类线，再加上当时处于 Google 和 Facebook 广告流量的红利期，很多企业靠着这个品类线获得了第一桶金，完成了资本的原始积累。

但 SheInside 与其他大多数跨境电商企业借助第三方平台（如亚马逊、敦煌网等）的销售路径又不一样，其在品牌成立初期就搭建了独立运营网站"SheInside.com"，除了在美国市场进行主力推广外，在西班牙、法国、德国、意大利等欧洲国家也陆续进行了推广。

中国供应链和劳动力成本的优势增大了跨境电商的利润空间，Shein 的业务规模也在不断扩大，但 2014 年前的 Shein 仅关注渠道商，既不参与产品设计，也不参与品牌塑造或生产。这种批发模式既无法满足日益增加的海外需求，也不利于公司的长期稳定发展。

2014 年，SheInside 就将域名改为了 Shein，并开始构建供应链体系，同步搭建仓储系统，建立了美洲仓和欧洲仓，也开始进行产品自主研发设计。Shein 将业务迁往服装产业链最为完备的广州，并在制衣厂聚集的番禺组织起了庞大的供应商网络，以强化对供应链的把控，提升以"柔性供应链"模式整合当地中小服装厂。同时通过收购主要的竞争对手，如时尚女装品牌 ROMWE 和 MakeMeChic，来提升市场占有率。

2013—2020 年，Shein 的年增长率接近 110%，业务范围覆盖全球 150 多个国家和地区，主要面对欧美、中东市场，经营范围也拓展至服饰、珠宝、化妆品、鞋等产品线。2020 年，Shein 在完成五轮融资后的估值跃升至 150 亿美元。

2021 年，Shein 在海内外主要设有南京（互联网分支）、深圳（互联网分支）、广州（柔性供应链及跨境仓储物流）、常熟（供应链分支）、美国（电商及商品中心分支、北美仓储物流中心）、比利时（欧洲仓储物流中心）及阿联酋（迪拜分公司）等多个重要分支点，并在土耳其、法国、德国、新加坡、中国香港等多个国家和地区设立分支机构，全球员工达1万余人。到2023年5月，Shein最新一轮融资后估值已经达到660亿美元。

Shein作为快时尚跨境B2C出海龙头企业，持续通过数字化赋能供应商，以巩固其供应链端的优势，从而筑高竞争壁垒。Shein基于小单快返模式，打造了高效且极速的生产流程，同时凭借"线上布局＋高性价比＋高频上新"，满足了海外大众群体及价格敏感消费者的需求。据Similarweb数据显示，2021年Shein在时尚和服装类网站的网络访问量就已经排名世界第一。在不断巩固服饰品类竞争优势的同时，Shein也在积极探索线下、多品类及平台化的增长空间，背靠数字化柔性供应，同时积累大量的客群，进一步推动其多品类及线下的扩张。

二、面临的挑战

不得不说，以Shein为代表的快时尚电商行业，也是存在一定行业痛点的。

海外市场监管政策不确定性。在进口国存在知识产权、税收、支付等方面贸易政策的变化与不确定性，且这类贸易政策变化的不确定性也往往具备难以逆转与突发性的特点。卖家在"出海"时，也需注重不同地域的差异化拓展，谨防因某一国或地区政策的变化，对企业经营产生过大影响。

物流成本和库存滞销风险。跨境物流的环节较多，涉及国内仓储、国内物流、海关报关、干线运输、海外仓储、末端配送等，流程复杂、主体较多，这就导致物流的成本会比较高。第三方平台通常也会要求卖家提前将产品运输到指定的前置海外仓，从而导致卖家存货周转天数较高的现象。

流量成本上涨。随着流量红利的消失，流量成本越来越高，从零孵化打造大体量的核心用户私域流量池、塑造快时尚线上品牌阵地，并不是一件容易的事情。这需要精准的营销、超强的本地化运营能力，以及敏锐的消费者洞察力。

三、Shein 的供应链管理

Shein 的品牌使命是"人人尽享时尚之美"。大多数年轻的消费者都因为"高性价比""紧跟潮流的上新速度""多样化的设计款式"，从而成为 Shein 忠实的用户，而在背后支撑 Shein 极致性价比的核心主要是其构建的柔性供应链体系。这是以全程数字化为核心竞争力，集产品设计、仓储供应链、互联网研发、数字化建设及线上运营为一体的供应链体系。

（一）产品设计

没有实体门店，仅依靠线上电商销售的 Shein，对数据的敏感度、利用率都比许多时尚品牌要强。Shein 团队有 300～400 人的设计师和买手，主要从事运营和数据分析工作。其数字智能中心（AIDC）的主要职责之一就是研发、运营 Shein 个性化推荐算法。

基于不同国家文化和用户的差异，Shein 广泛收集并分析不同地区用户的购买行为、浏览、点击等数据，再将结论赋能给设计、生产部门，进行模块化的排列组合设计。生产成衣后，再通过算法的深度挖掘，发现用户喜好，实现个性化推荐，同时根据消费者的反馈再进行调整，不断优化，提升推荐触达率、引流率及成交率。为了适应全球不同地区文化习俗差异，Shein 会根据用户的登录位置进行弹窗内容的语言自动调整，甚至更换照片中的模特，实现更精准的产品推荐。

（二）生产

传统服装制造商的交货期通常为 3 ~ 6 个月，但据 Shein 透露，Shein 的一件衣服，从打样到送到消费者手中，只需短短 20 天。在 2021 年的销售旺季，10—12 月期间，Shein 每天都会上新 5000 ~ 6000 个存货单位，存货周转天数为 30 天。

同时，小单快返模式也要求供应商可以实现小批量生产新品，并进行消费者购买情况测试，如果新设计的产品很受市场欢迎，公司就会迅速订购更多产品，否则即不会再下订单。由于一款服装在投产前有着高昂的打版和人工成本，这就导致"作坊式"的供应商在面对 Shein 远远小于传统快时尚品牌的零售订单量时，不得不再三考虑。

此外，为了追求极致的性价比，Shein 在设计阶段也会遵循一套特有的定价体系，通过定价体系来倒推成本，从而锁定产品的定价区间，再以此为依据让供应商提供报价，仅向符合预估定价区间的供应商进行采购，这也就倒逼供应商降低利润空间。

不过对应地，Shein 也会给予大量的资金支持，针对"打版"制衣过程中产生的昂贵但必需的步骤，Shein 会给工厂一定的补贴，并承担"打版"的费用，甚至会提供贷款给生产商购买厂房。

（三）供应链管理

Shein 对于供应商端的管理非常严格，他们有一套管理体系，针对供应商会进行定期评级，按照采购金额和 KPI 等划分为 S、A、B、C、D 五个等级，对于绩效等级高的，Shein 会加大订单的力度，对于 D 等级的厂家，会实行淘汰机制。

Shein 在广州番禺有 300 多家核心供应商，整个系统的供应商总数则达到 4000 多家。在选择供应商时，与采购中心的距离是 Shein 核心考虑的因素，这样可以保障双方可以在短时间内即实现见面协商。此外，所有供应商都需要安装 Shein 自行研发的智能化协同管理系统（Manufacturing Execution System, MES），实现从设计、打版到生产等所有信息流的交换、共享与利用。同时，商品的列表、订单的情况、库存的结余都可以实现实时和可视化的呈现。

生产进度的透明化，也让 Shein 可以直接测算出工厂的产能利用率，实现前后端的精准匹配，与供应商建立起高黏性、高度信任的合作关系，在实现生产的实时追踪的同时，也完成了对供应商的高效管理。

（四）物流

配送方面，Shein 也实现了物流系统的数据同步。Shein 通过与本地物流企业的合作，保障在全球各地的配送服务质量，实现七天全球必达、日均全球发货商品数量 110 万件。

2015 年，Shein 首次进军中东市场，发现中东地区的客单价其实很高，平均单个包裹的均价在 150 美元左右，但当地却存在"最后一英里"物流配送系统供应不足的大难题，同时用户也喜欢货到付款。为了打开中东市场，Shein 与沙特阿拉伯国有企业 NAQE 达成了合作，由 Shein 负责前期的物流，收款则由 NAQE 负责。这一举措，解决了 Shein 在当地物流与收款匹配的难题，用户也更乐意使用 Shein 的服务，货到付款的比例也大幅降低至 30%。

Shein 的海外快速增长当然不仅仅是依靠流量端，除了供应链是护城河之外，作为一家体量足够大的独立站，其站内的运营端也很强大，当海量的产品遇上海量的流量，再通过算法进行产品推荐，搭建用户成长体系，实现流量红利期的增长到流量红利期后流量的运营。

第四节　行云集团：构建一站式供应链赋能跨境电商

一、公司发展背景

电商行业经过十多年发展，已经形成数千万线上中小零售商的碎片化生态，数百万商品可线上销售。行云集团通过供应端的数字化改造，并以强大算法中台与数字化零售端和履约方建立连接。创立于2015年的"行云全球汇"抓住时代机遇，致力于为中国进口行业从业者提供优质完善的跨境供应链一站式服务。"行云全球汇"以"全球卖中国"起步，通过 IT 系统、仓储配送、清关等为上游卖家和下游电商平台提供服务，服务海量的中小卖家，以集约化、高效率向产业链要利润，构建了一整套供应链体系。

基于企业的业务演化，2020 年"行云全球汇"品牌正式升级为"行云集团"，标志着行云集团以全新形象迈向新征程。

2020 年，行云集团全面布局出海数字供应链服务，以全球消费品流通新基建为目标，为品牌商提供一站式出口履单服务和全球全渠道分销体系资源。

2021 年行云集团完成约 6 亿美元规模 C2 轮融资，本轮领投方云锋基金合伙人兼首席运营官李娜表示："在电商渠道分散化以及流量场景多元化的趋势下存在巨大的供应链改造空间，行云已成为领先的消费品数字供应链服务平台。我们相信公司将持续为国内外的品牌商合作伙伴，提供面向全渠道的分销和洞察能力，并为广大中小卖家提供多品牌的一站式供应链服务以及数字化赋能。"

行云集团从对接进口消费品和国内中小零售商起步，已经在这一领域实现国内领先，并将继续高速成长。行云集团将在现有中小零售商群体基础上提供国内消费品的数字供应链服务，并借助国内消费品供给能力的拓展，打通出海渠道和海外中小零售商终端，不断从"买全球"向"卖全球"领域深耕，全面服务中国品牌出海。

2024年，行云集团持续推进全球化业务布局，致力于进一步扩大其全球网络，专注于企业出海。集团的业务重心也聚焦品牌出海，各业务板块都为不同阶段和类型的品牌提供服务，这也是行云集团的核心能力之一。未来，行云集团将在品牌业务发展和服务转化方面形成合力，提升整体客户价值，并围绕价值在每个业务板块上扩大、深化和透明化，以提升客户黏性。此外，行云集团还将注重自主品牌建设，积极进行境外商标注册和国际认证，打造跨境原生自主品牌，并探索构建品牌、社交、内容等多元化的海外营销网络。

行云集团目前的市场领导地位得益于其不断完善的跨境电商生态和不断提高的竞争壁垒。一方面，行云集团积极拓展上游品牌方并持续丰富平台商品，致力于为品牌方在中国找到新的增长动力；另一方面，行云集团全面赋能中小商家，为中小商家提供一整套跨境电商解决方案，从而让中小商家集中更多精力在业务发展上。随着Z世代消费者的崛起、渠道的科技化与其颗粒度细化，行云集团的数字化、智能化、专业化与创新迭代能力都将使其有望成为中国新消费时代最具创新力与发展潜力的智能数字供应链平台。在过去几年中，行云集团取得了令人瞩目的成就，并不断巩固其竞争壁垒、拓展纵深产业链、探索新的业务模式，从而实现"成为最有价值的全球商品综合服务平台"的愿景。

二、行云集团一站式供应链模式

行云集团提供全球渠道运营、分销及跨境供应链服务，打造了集出海服务、品牌服务、渠道服务、跨境物流服务等于一体的全球商品综合服务体系，助力全球商品流转。同时，行云集团构建了物流、商流、资金流、信息流"四流合一"的"行云全球汇"供应链中台的系统形态，用业务中台和数据中台打造数据闭环运营体系，赋能业务高效探索与创新。一站式供应链模式旨在整合各个环节，提高供应链的效率和可控性，同时降低成本和风险。行云一站式供应链模式离不开其数字化技术与应用支撑，在多年跨境供应链与进出口服务能力沉淀下，行云集团针对自身业务以及品牌进出口服务等开发出定制化数字供应链服务平台，覆盖不同业务场景下全球商品 B2B 服务平台、数字化供应链协同平台、数字化仓储物流履约平台、数据分析平台等，构建数字化支撑下的一站式供应链模式。

（一）BBmall Global 平台

BBmall Global 是行云集团旗下的一个全球商品 B2B 服务平台，致力于连接全球品牌方、零售商、商品流通服务商，提供全球化站点的一站式交易履约服务。业务涵盖跨境进口、中国品牌出海和全球商品流通三大场景。作为全球商品在海外的综合服务产业互联网平台，BBmall Global 支持各类出海业务场景以及供应链服务。

BBmall Global 的核心用户是海外中小卖家和中国品牌出海卖家，是一个数字化平台下的高度集成的网络平台，旨在优化供应链各环节之间的沟通和协作。该平台通过提供一个共享的信息环境，使其能够与海外中小卖家和中国品牌出海卖家实时互动，从而提高整个供应链的透明度和效率。产品入口包括产业门户、商城入口、卖家后台与运营后台，为不同类型的用户提供定制化系统服务。平台还利用数字化工具，将产业数据汇集于数据平台，通过用户转化漏斗、关键页面平均停留时长、商品曝光与加购、商品动销率、商品交易总额、客户复购率等全方位数据，为用户提供商品销量趋势、转化趋势与转化率分析。

（二）XForce 供应链协同平台

XForce 作为行云客户管理和供应链管理系统，对接渠道和品牌，实现业务部门内部协同业务场景线上化，主要解决公司典型业务100% 线上化，是助力业务沟通、协同、转换、工作提效的数字化管理工具。

XForce 供应链协同平台帮助公司典型业务（如寻源、询报价、销售、采购、入库、履约）做到 100% 线上化（图 4-2）。其优势主要体现在首先通过与 BBmall—Global 和 Matrix 进行打通，做到销售跟单、采购、履约一站式管理。其次通过任务协同的方式，将流程进行拆解，增加飞书机器人提醒功能，做到各节点精确监控，降低流程卡点及时效。最后，XForce 移动版本与飞书系统绑定登录，实现移动办公，解决数据快速高效录入问题。

1. 产品管理。构建产品管理工作平台，通过录入产品信息，为产品编写唯一性国际条码，使产品管理数字化。在产品正式进入业务运营前，包括采购、入库、销售等环节，有关运营人员在产品管理系统进行相关产品信息的建档建码，并录入供应商信息，使产品在公司内部流通中实现数字化，构建基于数字化管理的产品管理系统。

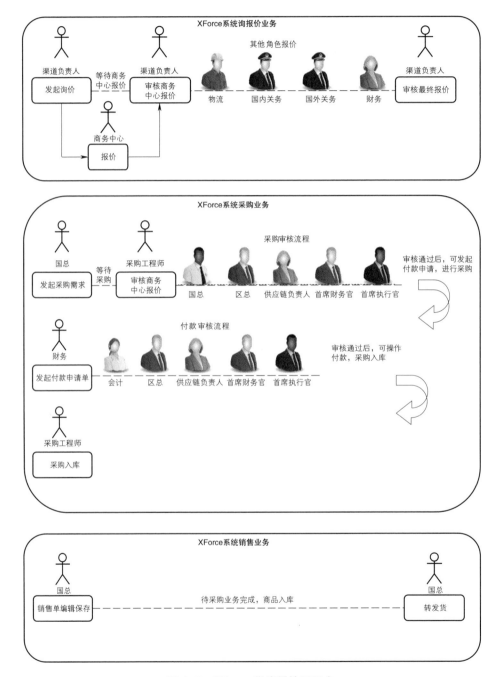

图 4-2　XForce 供应量协同平台

资料来源：行云集团。

2. 客户管理。构建关键客户与品牌供应商管理系统，便于统一管理业务端所有合作客户与品牌方，包含合作方名称、主营类目、所在国家、经营状况等信息，并设置相关准入标准，对公司业务签约状况进行分类管理，使客户管理明晰化。

3. 采购与销售管理。构建系统化的采购与销售管理系统，基于业务实际情况，统一构建采购付款一体化标准流程，通过系统传递采购需求状况，包括采购主体、产品信息、毛利状况等，并将采购与付款审核流程100%线上化，以协同公司所有业务端有条不紊高效运行。

4. 库存管理。库存管理系统基于产品数字化与采销数字化运营建设，构建产品采销运营过程中货品的出入库完整闭环管理系统。主要通过其数字化仓库管理系统（DWMS）实现了库存管理的高效运作。该系统是供应链管理的核心，利用信息技术实现对商品流动和存储过程的精确控制。

XForce 的 DWMS 采用了实时库存跟踪技术。通过使用条形码数字化库存信息，系统能够实时更新库存数据，确保库存数据的准确性。这使得公司不同主体不同渠道业务可以快速响应库存变化，优化库存水平，减少过剩或缺货的情况。

（三）盘古 SCM 系统

盘古 SCM 系统是专门为行云集团国内事业部开发的一套供应链管理系统，并针对联营业务，开发定制化联营供应商系统。联营供应商可入驻、发布货品、发布批次以及进行采购订单履约发货和结算。盘古 SCM 系统是为货主提供供应链管理的 SaaS 服务平台，帮助电商企业高效进行内部协同，高效管理账单结算、货品与库存以及订单。针对业务涉及的不同管理模块开发对应的数字化管理系统，通过实现信息共享、流程自动化和性能监控，加强了与供应商的合作关系，提升了供应链的响应速度和运营效率。

（四）Matrix 物流平台

Matrix 物流平台为内外部商家提供"仓—关—干—配"一站式的全球履约服务，并针对国内跨境仓、保税仓和海外仓不同仓库类型设计开发定制化服务系统，覆盖履约管理、库存管理、基础数据管理、运输管理、履约计费等工作看板，便于数字化管控物流运输状况与高效履约订单。

1. 订单管理系统。物流平台订单管理系统承接上游所有渠道订单，与上游系统进行订单交互，监控订单异常状态，以及将订单分发到下游系统。

2. 运营管理系统。针对跨境海外仓，运营管理系统承接上游订单管理系统分发的订单，并与三方仓库管理系统进行订单数据交互，进行海外三方仓库订单履约。针对国内保税自营仓，运营管理系统承接上游渠道分发的保税自营仓订单，与保税自营仓仓库管理系统进行订单数据交互，保税自营业务的中控系统进行保税自营仓订单履约。基础数据方面，公司针对系统应用负责保障物流基础服务能力。

3. 仓库管理系统。仓库管理系统是通过数字化管理工具，结合入库业务、出库业务、仓库调拨、库存调拨和虚仓管理等功能，对批次管理、物料对应、库存盘点、质检管理、虚仓管理和即时库存管理等功能综合运用的管理系统，有效控制并跟踪仓库业务的物流和成本管理全过程，实现或完善企业的仓储信息管理。

4. 运输管理系统。运输履约管理系统，目前主要作为物流履约单的运输承运商承接方，对接了各大快递公司，支持获取快递单号/运单申报/物流跟踪等功能，并通过物流计费管理系统统计结算物流中心和上游业务客户及下游物流类供应商的费用对账，相关数据通过对接金蝶等专业财务软件实现数据的统计与监控。

（五）行云货仓

行云货仓是行云集团旗下专注于服务 B 端客户的一站式供应链平台（图4-3），通过共享天猫、京东等头部电商渠道超大规模跨境货源能力以及成熟的跨境交易服务能力（包括采购寻源、线上运营、海关清关、无痕物流、安心售后等全链路交易环节），已帮助超 15 万家中小卖家实现超低门槛的跨境进口商品电商经营诉求。

图 4-3　行云货仓

图片来源：行云集团。

作为为全球商家提供供应链 SaaS 服务和线上交易撮合的平台，行云货仓严选全球优质品牌商品，覆盖美妆个护、母婴用品、营养保健、食品饮料、服饰鞋包、家居生活、宠物天地等多个热销品类，实现商品售后无忧、无痕代发、极速出仓。

（六）云图数据分析平台

云图是行云集团各事业部数据看板与分析平台，为一线经理、运营、财务、产品等角色提供日常数据分析平台。行云 AI 算法平台提供需求预测、智能供应链、用户画像等算法工具，支撑业务精细化运营。目前有 PC 版和移动版，并配置了云图 AI 秘书，为集团提供灵活的取数服务，提高业务团队数据运营效能。

三、供应链模式对跨境电商的促进作用

行云的供应链模式对跨境电商降低成本、提高效率、增强竞争力等方面的促进作用凸显。

降低成本方面，优化供应链可以减少物流、仓储和运输成本。通过与供应商的紧密合作和协调，跨境电商可以获得更优惠的采购价格，降低产品成本。

加快交付速度方面，有效的供应链管理可以缩短产品从生产到交付的时间，提高交付速度。这对于跨境电商来说尤为重要，因为快速交付可以提高客户满意度并增加重复购买率。

提高库存管理效率方面，通过供应链模式的优化，跨境电商可以更精确地预测需求，避免库存积压和缺货现象，从而降低库存成本并提高资金周转率。

提升产品质量和可追溯性方面，有效的供应链管理可以确保产品质量和安全标准，同时提高产品的可追溯性，这对于跨境电商来说是建立信任和品牌形象的重要因素。

拓展全球供应商网络方面，通过建立全球化的供应链网络，跨境电商可以更容易获取来自不同地区的优质产品，满足不同市场的需求，

拓展业务范围。

四、Polibeli 赋能东南亚"本土化"商贸

Polibeli 是专为全球中小企业打造的 B2B 在线批发平台，目前已在印度尼西亚和越南成功运营。凭借强大的供应链能力和可靠的电子商务平台，Polibeli 整合 TikTok 等渠道资源，打造并升级商品、渠道、供应链和合同履行的全链路能力，为大规模商户提供全球履约和平台 SaaS 服务。

Polibeli 越南公司设在河内、胡志明市，团队包括商业分析师、商品运营、销售运营、物流、人力资源、法务及财务专家等百余名本土员工，并设有本地仓库与多家当地连锁商超以及逾 2500 家中小商户。

Polibeli 印度尼西亚公司已有本土员工 300 多人，服务超过 30000 家商铺，经营包含数码、家居等消费品类目，对印度尼西亚市场充分掌握，同时拥有完善的线下销售网络及物流仓储服务能力。

（一）Polibeli 业务模式

Polibeli 有超过 35000 家注册 SMB 商户，可提供全链路履约服务，协助企业快速进入东南亚市场。其业务模式以 Polibeli 电商系统为核心枢纽，结合全托管寄售模式（图 4-4），Polisales ERP 系统承担后端监控管理任务，以数字化赋能东南亚"本土化"商贸活动。

（二）Polibeli 电商系统

Polibeli 电商系统是以印度尼西亚和越南为先锋市场的下一代智能 B2B 供应链解决方案。结合当地市场渠道分布零散、整合程度低的特点，Polibeli 背靠百万家线下中小零售商户，以用户订单终端和销售管理工具应用软件作为主要抓手，为用户提供全生命周期的数字化赋能。

图 4-4　Polibeli 全托管寄售模式

资料来源：行云集团。

　　面向下游商家，Polibeli 提供更多的商品选择、更高的毛利空间、更优的经营现金流以及更好的采购体验。面向上游品牌，Polibeli 利用市场销售数据帮助品牌方优化供应链决策，并提供专业的行业运营和营销支持。

（三）Polisales ERP 系统

　　Polisales 是 Polibeli 专属的管理后台，可以实现业绩和任务达成情况监控，是标准的业务人员日常作业监控管理工具，覆盖多种数字化应用，是基于 Polibeli 业务现状并结合线下市场实时开拓的综合性管理系统。

第五章
未来趋势与展望

　　数字技术全面而深刻地影响了跨境电商的发展，不仅改变了跨境交易的流程和模式，还推动了跨境电商在技术创新、营销策略、客户服务等方面的进步。随着全球数字化进程的加速推进，跨境电商行业将迎来更加广阔的发展前景以及更加严峻的市场挑战，需要在差异化竞争、本地化需求、知识产权保护、合规经营、物流配送等方面进一步优化和完善，紧跟时代发展潮流，以更好地适应市场需求的变化，实现高质量和可持续发展。

第一节　数字化趋势对跨境电商的影响

一、数字化趋势对跨境电商的塑造

数字化趋势通过促进技术创新、拓展市场准入、改变消费者行为、革新支付和物流系统、推动数据驱动的决策以及适应新的监管环境，对跨境电商的塑造产生了深远的影响。这些变化不仅提升了跨境电商的效率和用户体验，也为企业带来了新的增长机遇。

技术驱动的商业模式创新。数字技术的广泛应用，如大数据、人工智能、云计算和区块链等，为跨境电商提供了新的商业模式和运营方式。这些技术使企业能够更好地理解和预测消费者需求，优化供应链管理，提高交易效率和安全性。

市场准入和拓展。数字化趋势通过提供更加便捷的在线平台，降低了企业进入跨境电商市场的门槛。小微企业和新创企业得以借助平台经济快速拓展国际市场，推动了产品和服务的多样化。

消费者行为的变化。数字时代的消费者对产品信息的获取更加便捷，决策过程更加依赖于线上评价和推荐。跨境电商需要通过数字营销策略，如社交媒体营销、内容营销等，来吸引和保持消费者的注意力。

支付方式和物流的革新。数字化支付系统的发展和应用，如数字钱包、跨境支付解决方案等，简化了跨境交易的支付过程，降低了交易成本。同时，数字技术也使物流和配送服务更加高效和透明，提升了消费者的体验感。

数据驱动的决策制定。跨境电商企业能够利用大数据分析，对消费者行为、市场趋势和供应链效率进行深入分析，实现基于数据的决策制定，优化产品组合，调整市场策略，提高运营效率。

监管环境和合规要求。随着数字化的推进，对于数据安全、隐私保护、知识产权等方面的法律法规也在不断完善。跨境电商企业需要适应这些新的监管要求，确保业务的合规性。

二、未来数字化趋势对跨境电商企业的启示

数字化趋势对跨境电商的启示主要体现在以下几个方面。

数字化趋势将对跨境电商企业产生深远的影响，这些影响不仅体现在业务运营和市场拓展上，还体现在消费者体验和企业战略规划上。企业需要灵活适应这些变化，采纳新技术，创新商业模式，并加强全球市场的拓展和多元文化的适应能力。通过不断创新和优化，企业可以在数字化时代的跨境电商领域取得成功。

采纳新技术。为了适应数字时代的需求，跨境电商企业需要采纳新技术，如人工智能、大数据分析和云计算，以优化业务流程、提升消费者体验和增强市场竞争力。

创新商业模式。随着数字化趋势的发展，企业需要创新商业模式，以应对日益变化的市场需求和消费者行为。这包括开发新的产品和服务，实施个性化营销策略，以及探索新的收入来源。

加强数据安全和隐私保护。在数字化时代，数据成为企业的重要资产，但也面临着安全和隐私方面的挑战。企业需要加强数据安全措施，确保消费者信息的安全，以建立消费者信任并符合国际数据保护法规。

拓展全球市场。数字化趋势为企业提供了进入全球市场的机会。企业需要利用数字化平台和工具，如跨境电商平台、社交媒体和在线营销，来拓展国际业务和触达全球消费者。

适应多元文化。在跨境电商领域，企业需要适应不同文化和市场的需求。这包括了解各个目标市场的消费者偏好、购买行为和法律法规，以制定有效的市场进入策略和定制化产品。

案例：行云集团数字化布局

行云集团在数字化趋势下不断推进供应链服务的创新和升级，助力企业出海，将中国品牌推向世界。其主要表现和战略布局可以从以下几个方面进行概述。

1. 供应链数字化转型。行云集团致力于供应链的数字化转型，通过整合供应链资源，加速数字化转型过程。公司利用先进的信息技术，实现供应链管理的自动化、智能化，从而提高供应链效率和透明度。

2. 一站式出口履单服务。自 2020 年开始，行云集团布局出海数字供应链服务，为品牌方提供一站式出口履单服务和全球全渠道分销体系资源。这包括商品端到端的履单服务，帮助品牌方更高效地管理跨境贸易过程。

3. 全球化数字供应链体系。行云集团通过四大核心业务（行云全球汇、行云金服、跨境物流服务、品牌服务）打造全球化的数字供应链体系。该体系以"平台联营＋核心自营＋SaaS 赋能"为商业模式，旨在为客户提供直达消费者的一站式供应链解决方案。

4. 加强数字供应链服务。行云集团通过提供数字化供应链和一件代发履约服务，服务于海外消费品牌进入中国市场和中国品牌出海。行云集团致力于打通履约交付的全链条，降低品牌方和渠道方的运营成本，加快品牌全球化进程。

5. 海外线下零售商数字化改造。行云集团不仅在线上提供服务，还积极推动海外线下中小零售商的数字化改造，通过数字化服务提升其运营效率和市场竞争力。

第二节　跨境电商面临的挑战与应对策略

在数字化时代，跨境电商不仅是一种商业模式，更是连接全球市场的纽带。2024 年，跨境电商将继续处于高速发展的阶段，各平台、品牌和卖家面临着巨大的机遇。同时，挑战也将伴随而来，包括法律诉讼、市场竞争风险等。企业需要保持谨慎，只有不断提升综合竞争力，把握新的市场机遇，才能在激烈的竞争中取得更大的成功。建立差异化竞争优势、适应本地化需求、加强知识产权保护、规范合规经营、优化物流配送等将成为企业稳健发展的关键。

一、建立差异化竞争优势势在必行

在全球化浪潮中，跨境电商迅猛发展，企业如 TikTok、Shein、Temu 和阿里巴巴全球速卖通等已成为这一领域的领军者。借助品牌收购、全球合作等手段，这些企业在全球范围内不断拓展市场。然而，随着竞争的加剧，建立差异化竞争优势成为这些企业面临的重要挑战。不同平台应通过不同模式和布局，展现出各自的特色和优势。

差异化竞争优势是指企业在市场上提供独特的产品或服务，以区别于竞争对手。对于跨境电商而言，这意味着需要在产品多样性、品牌形象、用户体验、物流效率和成本控制等方面建立差异化竞争优势。这需要企业不断创新，灵活适应市场变化，同时利用数据和技术来优化运营和提高效率。通过这些策略，跨境电商企业可以在全球市场中稳固自己的地位，并持续增长。

产品多样性是关键。Shein 通过快速时尚的供应链模式，能够迅速响应市场需求，提供多样化的时尚产品。解决方案在于采用先进的数据分析工具，实时跟踪消费者行为和市场动态，以便快速调整产品线和库存。

品牌形象的塑造也至关重要。TikTok 利用其社交媒体平台的影响力，通过短视频和直播带货，创造了一种新颖的购物体验。跨境电商企业可以通过与社交媒体影响者合作，利用内容营销来提升品牌知名度和吸引力。

用户体验是另一个关键点。跨境电商需要不断提升用户的购物体验，包括多语言支持、本地化支付解决方案和高效的客户服务。阿里巴巴全球速卖通通过本地化策略，提供了多种语言版本和本地支付方式，以满足不同国家消费者的需求。

物流效率是跨境电商的生命线。跨境电商企业需要构建一个高效的物流网络，以减少运输时间和成本。例如，Temu 通过与其母公司拼多多的物流网络合作，提高了配送效率并降低了成本。

成本控制是企业能够提供具有竞争力的价格的前提。跨境电商企业应通过规模经济和供应链管理来降低成本。Shein 通过直接与制造商合作，减少了中间环节，从而能够提供具有价格优势的产品。

二、服务本地化需求成为关键挑战

随着行业的高速发展，跨境电商平台、品牌和卖家需要更加注重本地化、精细化运营。东南亚、拉美、中东和非洲等新兴市场表现出色，但文化、习惯、法规等方面的差异也对企业提出更高要求。随着全球化的加速发展，跨境电商已经成为连接不同国家和地区市场的重要桥梁。然而，服务本地化需求是跨境电商未来发展将要面临的一大挑战，它要求企业在语言、文化、支付方式、物流配送、售后服务等方面进行深度本地化，以满足不同国家消费者的个性化需求。

首先，语言和文化差异是跨境电商必须面对的首要问题。产品描述、客户服务等必须采用当地语言，并考虑文化习俗，避免文化冲突和误解。其次，支付方式的差异也需要重视，不同国家的消费者有不同的支付偏好，电商平台需要集成多种支付方式，以提升用户体验。再次，跨境电商需要建立高效的物流网络，解决国际运输中的时间延迟和成本问题。最后，对于售后服务，企业需要根据不同国家的法律法规，提供相应的退换货政策和本地化的客户支持。

应对这些挑战，跨境电商企业需要深入理解目标市场的特点，通过技术创新和本地化战略，克服跨文化交流的障碍，提供优质的本地化服务，从而在激烈的国际竞争中脱颖而出。

技术投入方面，利用人工智能翻译技术和大数据分析，实现产品描述和客服的本地化，同时通过用户行为分析，为不同地区的消费者提供个性化的购物体验。

合作伙伴方面，与当地企业合作，共享市场资源，利用其语言优势和市场经验，更好地进行市场渗透。

支付多元化方面，与全球支付服务商合作，支持多种支付方式，包括当地普遍使用的电子钱包、银行转账等。

物流优化方面，建立本地仓储和配送中心，与当地物流服务商合作，缩短配送时间，降低运输成本。

法律法规方面，严格遵守各国法律法规，尊重当地商业规则和文化习俗，避免法律风险。

本地化营销方面，根据不同国家和地区文化和市场特点，制定差异化营销策略，提高品牌认知度和市场占有率。

客户服务方面，建立多语种客服团队，提供 24 小时服务，解决消费者的疑问，提升用户满意度。

三、知识产权保护与合规经营成为当务之急

随着全球化的加速发展，跨境电商已成为连接不同国家与文化的重要桥梁。然而，知识产权保护与合规经营仍是跨境电商在全球范围内遇到的主要问题。

知识产权保护方面，世界各国关于知识产权保护的法规不同，这对于跨境电商企业来说，意味着需要对每个市场的法律有详尽的了解和适应。此外，跨境电商平台可能无意中销售了侵犯知识产权的商品，这不仅损害了原创者的权益，也可能导致企业面临法律诉讼和声誉损失。在跨国运营中，监控和管理所有产品以确保它们不侵犯知识产权是跨境电商面临的一项挑战。

合规经营方面，跨境电商企业必须遵守各个国家关于进出口、税

务、消费者保护等方面的复杂法规。随着数据保护法规（如欧盟《通用数据保护条例》）的实施，跨境电商企业需要确保其数据处理活动符合所有相关国家的规定。消费者和监管机构对企业的社会责任和供应链透明度需求也越来越高。

跨境电商的高质量发展需要在保护知识产权和确保合规经营的基础上不断创新。通过教育、合作、技术应用和严格的内部管理，企业可以有效应对挑战，实现可持续发展。

一是加强知识产权教育和培训，企业应对员工进行知识产权法律的培训，确保对保护知识产权重要性形成共识。二是建立知识产权审核机制，在上架产品前，实行严格的审核流程，确保所有商品都不侵犯知识产权。三是开展多边合作，加强与其他企业、行业协会及政府机构合作，共同打击侵权行为，并推动形成更加统一的国际知识产权保护标准。四是定期进行合规性自查和风险评估，确保业务符合各国法律法规的要求。五是数据保护合规，实施严格的数据管理政策，确保客户数据的安全，并遵守各国的数据保护法规。六是透明化供应链管理，通过区块链等技术提高供应链的透明度，增加消费者信任，同时降低监管风险。七是建立应急响应机制，一旦发生知识产权侵权或合规问题，可迅速响应，采取措施减少损失，并与相关方协商解决。

四、优化物流配送提升消费者体验

在跨境电商领域，除了产品质量和价格之外，物流配送体验也成为影响消费者黏性的关键因素。亚马逊通过建立 55 个以上的当日配送设施，提供 90 多个城市的当日送达服务，展示了物流运输的高效性；阿里巴巴全球速卖通以"全球5日达"为特色，与菜鸟合作在多个国家上线，强调快速可靠的物流服务；Shein则计划在美国、波兰、意大利和阿拉伯联合酋长国等地设立多个配送中心，以缩短物流配送时间。

Temu在2023年6月开始推进海外仓建设，并与多家物流服务商合作，包括美森、以星、达飞、马士基、中远海运等，旨在提高尾程的快递配送效率，同时降低物流成本。这表明物流配送的优化和提升成为跨境电商企业关注的重要方面。

第三节　启示与建议

在数字化浪潮席卷全球的今天，跨境电商作为推动全球经济一体化与贸易便利化的重要力量，正经历着前所未有的变革与重构。这一领域不仅融合了互联网技术、大数据、人工智能等前沿科技，还深刻影响着国际贸易规则、供应链体系、消费者行为乃至全球经济格局。为了更好地把握数字时代赋予跨境电商的新机遇，促进其健康、可持续发展，建议进一步加强国际合作和对话，完善知识产权治理，提高本地化服务水平，加强数据安全和隐私保护。

一、加强国际合作和对话

（一）建立国际合作机制

首先，应积极推动与主要贸易伙伴的双边和多边贸易谈判，争取在贸易协定中纳入有利于跨境电商发展的条款，从而减少贸易摩擦，为跨境电商提供更稳定和可预测的贸易环境。其次，加强与国际组织、行业协会和跨国企业的合作，譬如可以通过定期举办跨境电商国际研讨会、论坛等活动，促进各国政府、企业、学者之间的交流和合作，共同解决跨境电商发展中的难题。最后，通过对话协商推动跨境电商领域国际标准的制定和互认工作，与发达国家跨境电商领域标准相衔接，降低企业运营成本，提高贸易效率。如在《区域全面经济伙伴关系协定》升级中，促进成员方对我国跨境电商企业开放市场。在国际认证、国际投资、海外平台纠纷等方面，利用中国－东盟自贸区等合作机制为中小企业创造更好的国际环境。

（二）建立信息共享机制

建立跨境电商领域的信息共享机制，通过市场动态、政策变化以及风险评估等信息的共享，使各国对彼此的市场情况以及政策导向有更为深入的了解。信息的透明化可以促进各国对于跨境电商的监管互认，从而能够提高监管效率、降低监管成本。

（三）建立人才培养机制

在人才培养方面，通过教育、培训等方式加强跨境电商人才的培养和引进工作，提高跨境电商从业人员的专业素养和技能。例如，通过产教融合、"理论教学＋实践教育＋项目实战"三位一体的教学模式、师资队伍建设等方式形成跨境电商人才的教育培训体系，加快培育技术、营销、国际运营、合规等人才队伍。加强人才培养的国际合作，实现优势互补、资源共享和共同发展。

二、完善知识产权治理

跨境电商的知识产权治理需要政府、跨境电商平台、知识产权权利人、民间集体力量等利益相关方的参与，加强各方治理成效有利于增强跨境电商知识产权关系中相对薄弱方的力量，从而在境内、境外构建合理的知识产权治理体系。

（一）完善知识产权法律体系，提高知识产权治理效率

目前，知识产权保护在国家立法层面已经得到足够重视，《中华人民共和国电子商务法》中明确指出电商平台需要对买卖双方的贸易行为进行监管，但是并未明确划分交易过程中电商平台在知识产权保护方面的责任范围。因此，需要在公平理念的指导下对电子商务相关法律法规进行完善，如根据企业性质差异明确其是否需要履行网络服务商所提出的"避风港"原则。此外，由于知识产权在形式上分为有形货物和无形货物，针对两种形式也需要在立法和管理层面予以区分。加快与国际上知识产权相关标准和规范接轨，推动与国际上的知识产权大国之间达成共识，从而提高沟通和协商效率。可以通过简化治理流程提升知识产权治理效率，同时也可以通过治理流程透明化，保障交易双方的合法权益。

（二）加强跨境电商平台监管与自律

跨境电商平台的"准公共属性"会因为知识产权自治的不合理导致市场失序。在监管方面，政府主管部门需要根据跨境电商平台经营模式、盈利模式等方面的差异，针对跨境电商平台对交易双方的权利保护、知识产权治理能力、处于知识产权保护弱势地位一方的救济、反不正当竞争等方面进行监管。在自律方面，跨境电商平台可以通过

提升技术水平来加强对知识产权的管控能力，如通过大数据确认知识产权相关侵权行为、加强对侵权信息的追踪等。

（三）知识产权权利人

知识产权权利人主要负责知识产权的权利管理，可以通过技术措施或者相关方的合作实现知识产权的获取、运用和保护等。其中，在知识产权的获取方面，跨境电商的知识产权权利人能够获取各类商品的知识产权；在知识产权运用方面，跨境电商的知识产权权利人能够积极运用独占许可、排他许可、普通许可、分许可、交叉许可等；在知识产权保护方面，跨境电商的知识产权权利人可以采取措施积极防止产品被侵权以及侵权后开展维权工作。因此，随着技术的进步，知识产权权利人也需要进一步关注跨境电商所依托的平台、软件、系统等方面的知识产权的获取，并更好地运用知识产权质押融资、保险等保护手段以应对新的市场变化，同时也要更深入地关注版权作品权利信息维护、商业方法专利策略、商业秘密保护等知识产权领域的新方法。

（四）民间机构力量

行业协会、商会、知识产权管理组织等民间机构力量，一方面能够给予知识产权保护弱势一方一定程度的帮助和扶持，另一方面可以成为行业自律组织的成员为政府和企业之间架起沟通的桥梁。为了能够更好地构建合理的知识产权体系，行业协会、商会、知识产权管理组织等民间机构需要从以下几方面持续发力：一是成立或加强行业协会。鼓励跨境电商企业、服务商、物流商等成立或加强行业协会，如重庆市跨境电商协会，强化行业自律，促进信息共享与协作；或者通过支持举办跨境电商行业峰会、企业沙龙、论坛等交流活动，为民间集体力量提供学习、交流与合作的平台，通过分享经验、探讨问

题，推动行业创新发展。二是加强国际合作。民间集体力量应利用
多双边国际合作机制，拓展跨境电商的国际市场。例如，利用《区
域全面经济伙伴关系协定》等机制，加强与东盟等地区的跨境电商
合作。

三、提高本地化服务和创新水平

为了能够更好地提高本地化服务和创新水平，促进跨境电商健康
发展，需要从政府、产业等多层次发力。

（一）政府层面

增强与发达经济体双向合作和利益绑定。我国自美国等发达经济
体跨境电商进口仍有较大增长潜力，支持发达经济体跨境电商平台在
华扩大电商及其业务，扩大自美国等发达经济体跨境电商进口，以双
向合作为我国跨境电商在当地赢得良好的营商环境。

引导跨境电商合规建设。政府部门应该尽快出台跨境电商的国
际合规指引，聚焦企业最希望获得的合规信息，突出"动态更新"机
制，支持行业加强国际合规自律。加快建设全国性跨境电商协会，在
对外发声和对内协调自律方面发挥独特关键作用。支持行业加强合作
自律，加强合规指导培训，搭建合规知识与经验分享平台，着力提高
企业品牌、创新、质量意识，树立我国跨境电商国际形象。完善国际
合规体系，加强国内电商、支付等平台的合规规范建设，建立健全跨
境电商企业交易信用体系，促进跨境电商在当地能够依规经营、健康
发展。

支持跨境电商海外仓建设。海外仓建设和发展涉及商务、海关、
金融、外汇、财政、税务、统计、市场监管等多个部门，涉及大量体

制机制与监管方式创新，需要加强统筹协调。建议联合相关部门组织编制海外仓高质量发展指导意见，加强对海外仓发展政策制度的顶层设计，形成政策制定的跨部门磋商和协调机制。可根据我国全球供应链需要，分层次分类别布局建设一批海外仓，形成支撑我国国际物流体系的重要支点。引导支持跨境电商和中小微外贸企业在国外中心城市广泛布局一批终端配送仓，同时配套终端配送体系，在当地打造门到门、户到户、仓到仓的全链路一体化国际物流服务网络。

积极开展国际支付结算等配套服务能力建设。在支付结算领域，要积极推动我国国内数字支付工具"走出去"。推动跨境电商平台采用数字人民币结算，平台结算与人民币跨境支付系统（CIPS）相连，不但可以绕过国际卡组织，还可以摆脱由美国掌控的环球同业银行金融电讯协会（SWIFT）系统的监控。

（二）产业层面

鼓励跨境电商产业带研发创新。"跨境电商 + 产业带"以龙头企业为主体，与高校、科研院所共建研发机构，加大产业带研发投入，提高科技成果落地转化率。优化产业带的国家制造业创新中心、产业创新中心、国家工程研究中心等制造业领域国家级科技创新平台布局，面向"跨境电商 + 产业带"重点领域开展关键共性技术研究和产业化应用示范。立足不同产业带特点和差异化需求，加快人工智能、大数据、云计算、5G、物联网等信息技术与制造全过程、全要素深度融合。加快产业带中小企业生产设备数字化改造，推广应用新型传感、先进控制等智能部件，加快推动智能装备和软件更新换代。以适应跨境电商本地化服务场景为重点，探索产业数字化转型的典型标杆。

四、加强数据安全保护

数据作为数字经济时代的关键生产要素，推动数据跨境安全流动有利于数字贸易的高质量发展以及国际竞争新优势的塑造。在跨境电商领域，数据安全不仅关乎企业的商业利益，还涉及用户的个人隐私和国家的信息安全。跨境电商平台处理着大量的个人和财务数据，这些数据若被非法获取或滥用，将对企业、用户乃至国家造成严重损失。因此，保障跨境电商数据安全至关重要，可以从以下几方面着力。

（一）政策层面

完善政策体系。跨境电商的数据安全涉及数据的跨境流动，因此要落实 2024 年 3 月国家网信办出台的《促进和规范数据跨境流动规定》，优化安全评估、保护认证等流程。从数据分级、数据目录、负面清单等方面进一步细化数据安全管理制度。建立安全的监测评估体系，加强数据安全监管工具的应用，建立数据安全的动态评估系统，保障数据安全跨境流动。

（二）法律层面

明确数据安全保护部门的权责范围。数据保护管理部门的独立自主以及职责清晰不仅有利于跨境电商客户信息的保护，对于参与国际规则制定也是不可或缺的。数字经济时代跨境电商涉及个人信息的跨境流动，这需要各国数据管理部门之间进行相互协调和配合。目前，各国数据管理部门进行对话的平台为国际数据保护与隐私专员会议（IDPPCC）。因此，我国的个人信息隐私法中也应该对数据保护管理部门的权利义务予以明确，确保数据保护管理部门的独立性和专业性。

（三）技术层面

发展网络安全技术。跨境电商在数据跨境流动过程中，数据流出国的网络安全水平也会影响公民个人信息安全。因此，政府需要对网络安全技术予以加强，对跨境流动的数据采用分类管理法，针对不同数据的特点采取不同保护方法。

参 考 文 献

［1］Amir Gholami. AI 算力的阿喀琉斯之踵：内存墙［R］.OneFlow 社区，2021.

［2］Beth Schultz. Big Data In Big Companies［J］. Baylor Business Review，2013（3）.

［3］Divyakant Agrawal，Philip Bernstein，Elisa Bertino，et al.. Challenges and Opportunities with Big Data［R］.2012.

［4］Hael Al-bashiri，Mansoor Abdullateef Abdulgabber Abdulhak，Awanis Romli，et al.. Collaborative Filtering Recommender System: Overview and Challenges［J］. Journal of Computational and Theoretical Nanoscience，2017，23（9）.

［5］Hokey Min. Artificial Intelligence in Supply Chain Management: Theory and Applications［J］. International Journal of Logistics Research and Applications，2010，13（1）.

［6］Kyle. RWA｜汇丰银行"黄金代币化"，以区块链提供客户新交易服务［R］.ABMedia，2023.

［7］Philip Kotler. Marketing Management: Millennium Edition (10th Edition)［M］. Prentice Hall，1999.

［8］Walmart: 3 Keys to Successful Supply Chain Management Any Business Can Follow［R］. Business Case Studies，2015.

［9］William Ho，Tian Zheng，Hakan Yildiz，et al.. Supply Chain Risk Management: A Literature Review［J］. International Journal of Production Research，2015，53（16）.

［10］FastData. 2023 年度上半年 TikTok 生态发展白皮书［R］. 2023.

［11］FastMoss. 2023 年度 TikTok 生态发展白皮书［R］. 2023.

［12］Datawhale. 2023 中国人工智能人才学习白皮书［R］. 2023.

［13］Kalodata，36 氪，TT123. 2024 年 TikTok 电商白皮书［R］. 2024.

［14］超店有数 . 2023 年度 TikTok 电商行业趋势白皮书［R］. 2023.

［15］联邦快递启用人工智能分拣机器人推动智能物流［EB/OL］. 联邦快递，2022-01-26.

［16］李乔宇 . 解码拼多多 Temu 速度：从中国制造出海迈向中国品牌出海［N］. 证券日报，2023-12-18（A03）.

［17］聂英好 . 中国电商海外新变局：两跨境平台美国用户数逼近亚马逊［N］. 证券时报，2023-11-18（A05）.

［18］彭训文 . 跨境直播电商：中国外贸生力军［J］. 人民日报海外版，2024-03-05（10）.

［19］张大卫，徐平，喻新安 . 中国跨境电商发展报告（2021）：双循环格局下跨境电商发展［M］. 北京：社会科学文献出版社，2021.

［20］张大卫，苗晋琦，喻新安 . 中国跨境电商发展报告（2022）：聚焦跨境电商产业长期价值［M］. 北京：社会科学文献出版社，2022.

［21］张大卫，苗晋琦，喻新安 . 中国跨境电商发展报告（2023）：聚焦跨境电商产业长期价值［M］. 北京：社会科学文献出版社，2023.

［22］张大卫，吕村，喻新安 . 中国跨境电商发展报告（2024）：跨境电商全球供应链重构重塑［M］. 北京：社会科学文献出版社，2024.

［23］张倩．可省近90%服务器，反欺诈效率却大增，PayPal打破「AI内存墙」的方案为何如此划算？［EB/OL］．机器之心，2022-06-21.

［24］在沃尔玛让AI负责采购协商，推行自动化商谈系统的四项心得［J］．哈佛商业评论，2023（4）．